스페인에 빠지다

스페인에 빠지다

지은이 김지영
펴낸이 안용백
펴낸곳 (주)넥서스

초판 1쇄 발행 2014년 9월 15일
초판 2쇄 발행 2014년 9월 20일

2판 1쇄 인쇄 2016년 8월 30일
2판 1쇄 발행 2016년 9월 5일

출판신고 1992년 4월 3일 제311-2002-2호
10880 경기도 파주시 지목로 5
Tel (02)330-5500 Fax (02)330-5555
ISBN 979-11-5752-913-1 13980

본 책은 『라이프 인 스페인』의 개정판입니다.

www.nexusbook.com
넥서스BOOKS는 (주)넥서스의 실용 브랜드입니다.

스페인에 빠지다

김지영 지음

넥서스BOOKS

시간에 쫓겨 정신없이 20대를 달려왔다. 원하던 목표를 하나둘
이루었지만 이것이 진정 내가 원하는 것인지 확신할 수 없었다.
새로운 목표를 찾아 방황을 시작할 무렵, 혼자서 무작정 여행길에
올랐던 스무 살의 용감했던 내가 떠올랐다.
다시 그 행복을 찾아 떠나기로 결심했을 때는 이미 두려움도 망
설임도 없었다. 늘 떠날 준비를 해 왔던 것처럼 회사를 그만두고
가방을 꾸리기까지는 20일도 채 걸리지 않았다.
잠시 머물다 가는 여행자의 눈으로 본 스페인에 매료되어 스페인
에 남아 조금 더 오래 머무는 생활 여행자가 되기로 결정했다.
그 뒤로 지난 5년, 나는 스페인에서 거주하고 있다. 일을 핑계로
한두 번 한국을 다녀온 적이 있지만 대부분의 시간을 바르셀로
나에서 보냈다.

낯선 나라에서 언어 장벽도 느꼈고 나의 무능함을 깨닫기도 했
고 이방인으로 사는 고독을 경험하기도 했다. 새로운 선택에 대
한 책임으로 애써 가야 할 길을 찾아 헤매며 지난 시간을 쏟았
다. 그러나 처음부터 알았듯이 천천히 이 모든 것들을 극복해가
며 더 큰 행복을 얻었다.
바르셀로나에서 지내는 시간이 길어질수록 좋아하는 것들이
늘어만 간다. 자전거를 타고 유럽의 좁은 골목 누비기, 스페인
어로 대화하기, 잔디밭에 누워 책과 낮잠 사이를 오가는 토요일
오후 보내기, 지중해를 바라보며 아침 식사하기 등 매일 문득
문득 찾아오는 행복감에 저절로 웃음이 지어진다.
이 책을 통하여 많은 독자가 스페인의 일상을 들여다보고 호기
심에 여행을 떠날 수 있으면 좋겠다. 내일의 모험을 동경하며
낯선 곳으로 주저 없이 떠날 수 있는 용기 있는 사람들에게 이
책을 바친다.

스페인 바르셀로나에서,
김지영

Contents

Map of Spain
주도
주요 도시
아 코루냐
A Corunña
오비에도
Oviedo
산티아고 데 콤포스텔라
Santiago de Compostela
루고
Lugo
아스투리아스
ASTURIAS
갈리시아
GALICIA
레온
León
폰테베드라
Pontevedra
오우렌세
Ourense
카스티야 이 레
CASTILLA Y LEÓN
사모라
Zamora
바야
Valla
살라망카
Salamanca
아빌르
Ávila
포르투칼
카세레스
Cáceres
엑스트레마두라
EXTREMADURA
바다호스
Badajoz
메리다
Mérida
코르도바
Córdoba
대서양
우엘바
Huelva
세비아
Sevilla
안달루시
ANDALUC
말
Má
카디스
Cádiz
카나리아스 제도
ISLAS CANARIAS
Lanzarote
La Palma
산타크루스 데 테네리페
Santa Cruz de Tenerife
세우타
Ceuta
La Gomera
Tenerife
Fuerteventura
라스 팔마스
Las Palmas
El Hierro
Gran Canaria
모로코

프랑스
레르
ander
빌바오
Bilbao
산 세바스티안
San Sebastián
안도라
ANDORRA
이아
A
에이스 바스코
PAÍS VASCO
비토리아
Vitoria
팜플로나
Pamplona
나바라
NAVARRA
지로나
Girona
카탈루냐
CATALUNYA
로그로뇨
Logroño
부르고스
Burgos
라 리오하
LA RIOJA
우에스카
Huesca
예이다
Lléida
바르셀로나
Barcelona
소리아
Soria
사라고사
Zaragoza
타라고나
Tarragona
아라곤
ARAGÓN
과달라하라
Guadalajara
드리드
Madrid
드리드
ADRID
테루엘
Teruel
쿠엔카
Cuenca
카스텔로 데 라 플라나
Castelló de la Plana
Menorca
팔마
Palma
Mallorca
발렌시아나
VALENCIANA
스티야―라 만차
TSTILLA―LA MANCHA
발레아레스 제도
ILLES BALEARS
알바세테
Albacete
발렌시아
València
시우다드 레알
Ciudad Real
Eivissa
무르시아
MURCIA
알리칸테
Alicante
Formentera
지중해
하엔
Jaén
무르시아
Murcia
그라나다
Granada
알메리아
Almería
멜리야
Melilla
알제리

Living in Barcelona

모든 오전 일을 마친 정오, 집 앞 공원에 나가 모닝 커피와 비키니 한 조각으로 아침 식사를 하며 신문을 뒤척인다. 반복되는 평범한 일상일 수도 있지만 문득 문득 바르셀로나에서 보내는 하루하루가 얼마나 소중한지 생각해 본다. 특별한 행운이나 도전과 노력이 아니라 단지, 모든 것을 멈추고 떠나올 수 있었던 '용기' 하나만으로 지금의 행복이 주어졌다. 그 누구라도 용기만 있다면 똑같이 누릴 수 있는 자유와 행복 아닐까.

스페인에서 첫 독립,
혼자 살기

스물여덟에 회사를 그만두었다. 지쳐 있던 내게 4개월이라는 스페인 배낭여행을 선물했으며 여행의 막바지에는 스페인에 거주하는 여행자로 스페인 땅에 머물고 싶었다. 한국으로 돌아가 모든 짐을 싸들고 다시 마드리드에 도착했다. 스페인의 일상을 깊이 있게 경험하고 싶어 스페인어 학원을 등록하고 친구들도 사귀고 근교 도시들을 여행했다. 그러나 서울처럼 큰 도시인 마드리드는 크게 매력적이지 않았다. 분주한 도시의 삶, 낭만적인 유러피언의 일상을 꿈꿨던 나와 마드리드는 맞지 않았기 때문이다. 짐을 꾸려 두 번째 도시 바르셀로나로 도착하던 날, 바닷가에서 마주한 도시의 첫인상이 무척 마음에 들었다. 당시에 이곳에 오래 머물게 될 것이라는 예감이라도 스치고 지나갔던 것일까.

함께 사는 집, 피소 꼼파르틸

첫 독립생활을 그럴듯하게 시작하고 싶었지만 바르셀로나에서 집을 구하는 일은 만만치 않았다. 어디든 걸어 다닐 수 있는 시내 중심에 살고 싶었고 집 주변에 수시로 드나들 수 있는 아지트 같은 카페와 바르, 로컬 레스토랑이 있으면 좋겠다고 생각했다.

시내 중심의 4~5층짜리 빌딩들을 아파트 또는 피소라고 부른다. 시내 중심지의 한 달 임대료는 비싸기 때문에 한 집을 빌려 각자의 방값을 내고 거실, 주방, 욕실 등을 셰어하는 피소를 알아보기로 했다. 피소는 스페인의 임시 거주자들이 장기로 방을 임대하거나 다른 나라 에라스무스(Erasmus Programme, EU의 교환학생 프로그램) 학생들 또는 어학 연수생이 머물기에 적당하다.

한 집에 여러 명이 함께 살기 때문에 마음이 맞으면 밤마다 파티를 열고 친구를 사귈 기회가 많아 외롭지 않다. 언어를 연습하고 배우고 싶은 사람에게도 적당하다.

창문 가득 햇살이 들어오는 방은 너무 비싸거나 5층 옥탑방이었다. 발코니가 있는 방은 비어 있는 곳이 없었고 방이 마음에 들면 집의 공동 구역인 화장실과 주방 관리가 엉망이었다. 또 살고 싶다는 생각이 든 방은 가구가 전혀 없었으며 집이 마음에 들면 하우스메이트들이 까다로워 보였다. 이것저것을 따지면서 방을 찾다 보니 일주일이 순식간에 지나갔다. 인터넷으로 정보를 찾고 전화를 걸어 약속을 잡고 집을 방문하는 시간이 더디게만 흘렀다. 결국 집 찾는 것이 지칠 때쯤 친구가 처음 추천했던 곳으로 내 첫 집을 결정했다.

엘리베이터 없는 4층, 그러나 유럽식 그라운드 플로어(우리나라 1층)도 포함하면 5층 집이다. 좁은 평수 때문에 올라가는

햇살이 가득 들어오는 발코니는 유럽에 처음 거주하는 첫 독립생활의 로망이었다.

계단도 가파르고 뱅글뱅글 돌아서 올라가야 한다. 5리터짜리 물통이라도 들고 올라가는 날에는 3층에서 멈춰 서서 허리를 한번 펴 줘야 했다. 결국 현관문 앞에 도착했을 때는 두 다리가 후들거렸고 숨도 헐떡거려 열쇠 구멍을 찾는 손이 부들거렸다. 바르셀로나에서의 첫 번째 집은 침대 하나와 책상, 장롱이 전부인 작은 방이었지만 바르셀로나에 내 공간이 생겼다는 것만으로도 충분히 행복했다. 온전한 첫 번째 독립을 이뤄 낸 기분이랄까. 이사하기 전에 미리 페인트칠을 했고 천장 램프를 바꿔 달았다. 또 이케아로 달려가 필요한 침구류와 정리함 등을 사와 방을 꾸몄다. 몇 달 머물지 않을 것이었지만 내 방이 생겼다는 느낌은 너무 소중했고 잠깐 머물더라도 집이 주는 안락함을 충분히 누리고 싶었다.

이렇게 바르셀로나에서의 첫 집을 찾은 후 약 3년간 정확히 여덟 번의 이사를 하며 부쩍 어른이 되어갔다. 매번 이사를 할 때마다 제일 큰 쇼핑백, 이케아 파랑색 비닐봉지 가득 살림살이를 넣고 엘리베이터 하나 없는 계단을 오르락내리락하며 셀프 이사를 했고, 그렇게 시간이 지날수록 혼자서 모든 것을 해결해야 하는 바르셀로나 생활에 익숙해져 갔다.

그 뒤 더 많은 사람들과 살아보고 싶어 옮긴 집에는 독일, 오스트리아, 체코, 남미 친구 등 여러 명이 살고 있었다. 집의 인원이 정확하게 기억나지 않는 이유는 각 방마다 방 주인의 친구들 방문이 잦아 집에 늘 사람이 끊이지 않았기 때문이다.

인터넷 설치 비용도 모든 인원수로 나누고, 요일별로 각자의 청소 구역을 정했고 함께 사용하는 주방과 욕실은 뒷정리를 깔끔하게 해야 했다. 즉, 이 집에는 그 누구의 엄마도 존재하지 않았기에 각자의 책임과 역할이 무엇보다 중요했다. 공동으로 전기세와 물세를 내야 했기에 다른 사람에게 피해가 가지 않는 한도 내에서 알뜰하게 써야 했다. 밤에 가끔 스탠드를 켜 놓고

유럽에 살며 오래된 낡은 가구의 멋스러움에 처음으로 눈을 뜨게 되었다.

자는 습관이 있던 나는, 일주일도 되지 않아 하우스메이트들의 지적을 받고 무조건 불 끄는 습관부터 들여야 했다.

마시는 생수뿐만 아니라 각종 세제와 청소 도구, 생활용품 구입에도 돈이 끊임없이 들어간다는 것도 알게 되었다. 날아드는 고지서로 돈이 나가는 것을 보니 집 떠나 처음으로 절약하는 생활을 실천하기 시작했다. 한 달 정도는 각기 다른 나라에서 온 친구들의 생활 습관을 파악하고 각 나라의 문화와 각자의 개성에 익숙해지느라 서먹하기도 했다. 언어가 친분을 맺는 데 장벽이 되지는 않았다. 모두 스페인어를 잘 못했기 때문에 오히려 다들 어설픈 스페인어와 영어로 대화를 이어 갈 수 있었다. 시간이 지날수록 한 집에 산다는 동료 의식이 강해져 음식을 나눠 먹고 친구들을 서로 소개시켜 주고 주말에 시간을 같이 보내며 바르셀로나에서 만난 제2의 가족과 같은 유대감이 형성되었다.

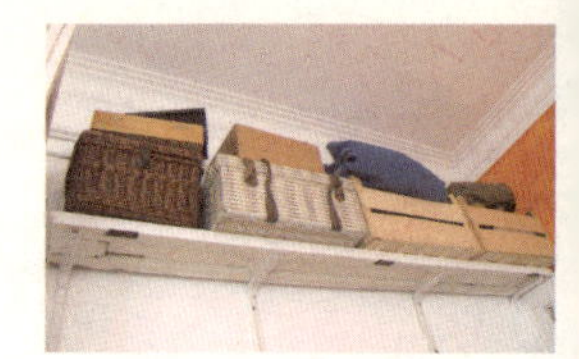

그 뒤 여러 번 집을 옮겼는데 상대적으로 장기간 머물렀던 집은 찻집을 운영하는 마리아와 전문 디제이 파블로가 함께 살았던 산츠(Sants) 동네의 집이다. 처음 집을 보러 갔을 때 환영해 주는 친구들을 보고 바로 그 자리에서 이 집에 살기로 결정했다. 가게 오픈을 위해 아침 일찍 나가는 마리아, 밤늦게 일하러 가는 파블로, 오전에는 학원을 가고 오후에는 취재를 다녀야 했던 내가 집에서 함께 시간을 보낼 수 있는 시간은 극히 드물었다. 일주일에 서너 번 평일 점심에 함께 식사를 하기 위해 모이는 게 전부였다.

힙합 음악을 크게 틀어 놓고 특유의 흥얼거림과 건들거림으로 정신 산만하게 이야기를 하는 파블로는 즉흥적으로 요리하는 것을 즐긴다. 엠파나다(Empanada 만두 모양으로 생긴 염소 치즈와 야채를 넣어 만든 아르헨티나 음식)와 키슈(Quiche 피자 반죽에 야채와 달걀을 넣는 프랑스 음식)를 만드는 일도 즐겁게 후딱 해치운다.

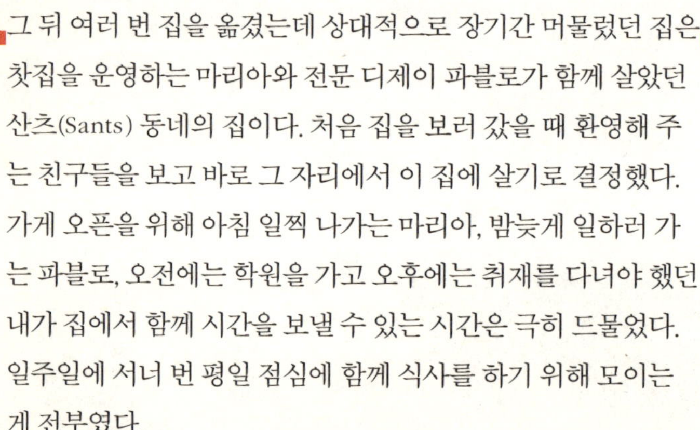

문화, 나이까지도 모두 다른 하우스메이트들과 집의 공동 구역을 함께 사용하며 배려와 이해를 바탕으로 한 유연한 삶을 배울 수 있었다.

SAN
NARCISO

비교적 오래 머물렀던 마리아와 파블로의 집.
마리아는 언제나 식물들을 보살피는 것이 일순위였다.

마리아는 작은 몸집에 말랐지만 에너지가 넘친다. 그녀가 이
야기하는 것을 옆에서 조금만 들어 봐도 자기주장이 강한 사
람이라는 것을 누구나 눈치챌 수 있다. 특히 마리아는 이야기
할 때 다른 사람들보다 전문적이고 어려운 단어를 많이 쓰는
데 평소의 독서량을 보면 왜 그녀의 어휘력이 남다른지 이해
가 간다. 대화 중에 내가 못 알아듣고도 고개를 끄덕거리며 알
아듣는 척을 하거나 질문을 하지 않으면 가차 없이 확인을 한
다. 단어 뜻을 확인하는 마리아에게 머뭇거리며 모른다고 하면
최대한 이해하기 쉽게 설명해 주었다. 가끔은 더 어려운 단어
로 설명해서 질문에 질문이 이어지기도 했다. 그녀의 취미는
식물 키우기다. 거실 곳곳에 그녀만의 작은 화단을 만들어 시
간이 있을 때마다 화분을 바꿔 주거나 꽃에 물을 주며 잘 자라
게 늘 보살핀다. 한 달간의 휴가를 떠날 때는 각 요일별 어느 화
분에 물을 줘야 하는 지를 스케줄 표로 만들어 전달해 주고 갔
을 정도로 식물에 쏟는 애정이 각별했다. 휴가 마지막 날 돌아
왔을 때 거실에 들어서자마자 화분들을 향해 달려갔던 마리아
를 잊을 수 없다.

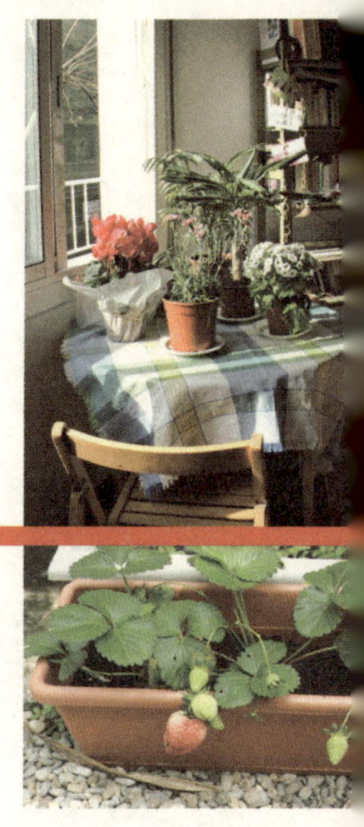

흙과 가까이 지내고 싶은 사람들

나처럼 시내에 살고 싶어 하는 외국인도 있지만 외곽에서
땅에 발을 디디고 살고 싶어 하는 친구들도 있다. 외곽은 시내
의 아파트보다 더 싼 가격으로 작은 정원이나 테라스가 딸린 집
을 구할 수 있다. 조용한 삶이 지루할 것이라고 생각하지만 딸
기나무에서 직접 딸기를 따고 오렌지 나무에서 오렌지를 수확
하는 기쁨이 크다고 한다. 최근 들어 가까운 몇몇 커플도 도시
를 벗어나 외곽의 마을로 이사를 가서 조금은 여유 있는 주말을
보낸다는 소식을 전해왔다.

또는 평일에는 시내에서 생활하고 주말에는 아예 자연으로 들어가 버리는 친구도 있다. 오래 전에 구입한 야산에 6년 전부터 자기가 살 집을 짓고 있는 페페는 건축가와 끊임 없이 상담하며 돈이 생길 때마다 조금씩 재료를 구입하고 흙을 파고 못질을 하며 천천히 집을 짓는 중이었다. 지루할 만큼 길고 끝이 안 보이는 작업이라 생각했는데 시간과 정성을 들이더니 드디어 완성했다는 소식을 들으니 반갑기만 하다.

도시에서 태어나 도시에서 자란 나는 여행을 가도 런던이나 뉴욕, 상하이 같은 대도시를 선호했다. 산과 강으로 이루어진 곳이 아무리 좋아도 하루만 지나도 지루했다. 오죽하면 바르셀로나 생활이 2년째 접어들었을 때는 바르셀로나도 너무 작은 도시라 생각하고 더 큰 도시로의 이동을 꿈꾸기도 했을까. 그런데 만 5년째 바르셀로나 생활에 접어드니 이곳도 복잡하게 느껴지며 더 작은 근교 마을로 이동하고 싶다. 역에서 도보로 15분 정도 거리에 흙길을 따라 작은 마켓과 카페테리아가 위치한 아담한 마을에 있는 개인 주택을 꿈꾼다. 시간이 지날수록 도시에서 떨어져 흙을 밟으며 자연과 가까이 지내고 싶은 생각이 더욱 간절해진다.

본 집을 짓기 전에 거주할 오두막을 만드는 페페와 그의 친구들의 모습이다.

결혼과 동거

결혼에 대한 구체적인 그림을 그려 본 적은 없지만 한 가지는 확실했다. 결혼식을 하게 된다면 나를 잘 아는 지인들만 초대해 함께 행복한 시간을 보내고 싶었다. 결혼식 자체에 회의를 가지고 연애만 오래 하고 싶었던 몇 년 전, 부모님이 바르셀로나를 방문하시면서 양가 어른들의 만남으로 계획에도 없던 결혼식이 2주 후로 결정되었다. 어안이 벙벙한 채 걱정과 근심 어린 마음을 안고 가장 친하게 지내고 있던 아네스카 집으로 쳐들어갔다. "와우! 너무 축하해! 너희 커플이 주인공이 되는 큰 파티를 여는 거야. 무엇이든 도울 수 있는 것은 우리들이 해 줄테니 걱정 말라고!"

오로지 우리만을 위한 결혼식

맞는 이야기였다. 파티와 이벤트 계획하기를 좋아했던 내가 정작 나 자신이 주인공이 되는 파티를 만들려고 했더니 떨렸던 건가. 즐겁고 신나게 즐기며 준비하려고 마음을 먹으니 그 뒤의 일은 일사천리로 진행되었다. 절친 마크의 산 속 별장, 100년 된 집의 작은 앞마당을 결혼식 장소로 잡았다. 초대 인원도 100명 미만으로 잡고 음악 연주를 위해 바이올린을 연주하는 오거스틴에게 전화를 걸었고 웨딩 케이크를 위해 나탈리아에게 전화를 걸어 부탁했다. 친구들의 축하 메시지와 함께 흔쾌히 도와주겠다는 대답에 마음의 무거운 짐이 덜어졌다. 꽃집에 들러 직접 고른 연한 핑크 장미와 화이트 장미를 300송이 주문해 놓았다. 이때까지만 해도 결혼식 당일 새벽 6시에 꽃을 찾으러 갔을 때 내 스페인어 발음 때문에 결혼식 날이 2일이 아니라 12일로 주문이 완료된 상태라는 소식을 들을 줄은 상상도 못했다. 당일 잘못된 주문 때문에 다른 컬러의 꽃을 사

와야 했지만 크게 문제 삼고 싶지 않았다. 해결해야 할 다른 일이 너무 많아서, 식전에 먹을 샴페인과 음료 및 일회용 용기들을 구입하고 요리를 공부하는 친구에게 핑거 푸드를 부탁하며 결혼식을 준비했다. 결혼식에 대한 환상이 없었고 과한 지출을 하거나 요란을 떨고 싶은 마음이 없었기에 웨딩드레스 대신 집 근처의 숍을 뒤져 심플한 롱드레스를 찾았고 하루만 착용할 화려한 액세서리를 구입했다. 우리의 앞날을 약속하는 데 단 하루나 몇 시간의 파티가 중요한 게 아니라는 생각이 뚜렷했기에 다툼 한번 없이 모든 것을 최소화하여 준비했다.

당일 아침 일찍 꽃을 찾아 화병에 직접 꽃고 결혼식이 열린 곳을 장식하다 보니 어느덧 오전 11시가 넘어가고 있었다. 도와주기로 한 친구들과 가족들이 속속 도착했다. 친구가 간단한 화장을 해 줬고 드레스를 입고 머리를 올리니 그럴듯한 신부 같았다. 경쾌한 음악과 함께 식이 시작되었고 참여한 모든 사람 한 명 한 명에게 포옹과 키스를 받고 나니 눈 깜짝할 새에 식은 끝났다. 이제부터는 흥겨운 연회의 시작이다. 모두 다 같이 샴페인 잔을 머리 높이 들고서 비바 노비오스(신랑 신부를 위하여!)를 외쳐 댔고 이에 맞춰 새신랑과 신부가 된 우리는 연신 입을 맞추었다.

결혼 생활의 다양한 모습

스페인의 수많은 커플의 삶은 다양하다. 꼭 결혼을 해서 같이 살며 아이를 낳아야 하는 것은 아니다. 결혼을 하지 않고 집을 사서 10년째 아이 없이 사는 사람도 있고 결혼 없이 아이만 낳고 사는 커플도 상당하다. 그리고 각자 어떤 삶을 택하든 다양성을 인정하고 그들의 선택을 존중한다. 결혼식 또한 꼭 해야만 하는 것도 아니고, 한다고 해도 그 방법과 스타일에 따라 각자의 개성이 묻어난다.

미리 성당을 예약해 놓고 웨딩드레스를 입고 식을 올리는 커플이 있는가 하면, 아이를 낳고 살다가 레스토랑에 친척과 친구들을 초대해 작은 연회를 열며 언약을 주고받는 친구도 있었다. 형식적인 절차는 중요하지 않다고 생각하며 서류와 식도 없이 함께 살며 아이까지 둘, 셋 낳는 친구들도 있다. 경제적 상황과 취향에 맞게 다양한 방법으로 각자의 삶을 꾸려나간다.

가까이 지내던 친구 미리암과 체페의 결혼 소식을 처음 들었을 때는 깜짝 놀랐다. 친한 친구들이 모두 커플이고 함께 살고 있지만 특별히 결혼을 원하는 이들이 없어서 그들도 당연히 결혼에는 관심이 없는 줄 알았다. 체페가 눈물의 프로포즈를 했고 미리암이 받아들였다는 것 자체가 모두에게 신선하고 로맨틱한 일이었다.

친한 친구가 열 명 정도가 모여 결혼 전, 서프라이즈 데스페디다(처녀 총각 파티)를 준비했다. 시내 중심지로 불러낸 미리암과 체페에게 카탈루냐 전통 의상을 남녀 뒤바꾸어 입혀 놓은 후 바르셀로나 시내에서 실천할 수 있는 10개 정도의 미션을 주었다. 주요 미션은 그들의 낯간지러운 사랑 이야기를 만인에게 공개하는 것이었고 결혼 전 특별한 추억을 만들기 위함이었다. 관광객이 모인 광장에서 노래를 불러야 했던 미리암, 람블라스 거리 중앙에서 러브레터를 낭독했던 체페, 그리고 친구들의 짓

궂은 십문십답 퀴즈를 풀며 예비 신랑 신부는 결혼식에 앞서 혹
독한 선물 세례를 받아야 했다.

결혼식 당일, 레스토랑의 정원에서 혼인 선언문을 낭독한 미리
암과 체페의 식이 끝나자마자 모두 레스토랑에 모여 점심 식사
를 했다. 밴드의 연주와 건배가 계속되는 사이 미리암의 중학교
친구들이 특별한 의미가 담긴 선물을 준비했다. 삶을 상징하는

친한 친구들의 정성이 담긴 서
프라이즈 선물은 결혼식의 또
다른 감동이다.

레몬 트리에 친구들이 직접 적은 손 편지들을 줄기에 주렁주렁
매달아 그녀의 새로운 출발과 행복을 기원해 주었다. 편지들을
줄기에서 따서 읽을 때마다 장내는 눈물과 환호, 박수로 뒤덮였
다. 서로의 부모님과 형제들에게 고마움을 표현하며 포옹을
할 때도 잔잔한 감동이 계속되었다. 결혼식의 최대 연장자이자
몸이 많이 쇠약하셨던 신랑의 할머니에게 꽃다발을 증정하고
건강하게 사셔야 한다며 포옹을 하는 미리암은 결국 눈물을
터트렸고 지켜보던 사람들도 코끝이 시려왔다. 기나긴 식사와
감동의 시간이 끝나고 밤새도록 즉석 댄스 파티가 계속되었음
은 말할 필요도 없다.

반면 나탈리아와 조르디 커플은 그야말로 히피의 영혼을 물려
받은 자유 영혼들이다. 함께 산지 벌써 6년이 넘어가고 천사
같은 아들 가엘과 나우리가 있지만 그들에게 결혼식은 가족이
라는 울타리를 만드는 데 중요치 않은 형식과 격식일 뿐이다.
심지어 아르헨티나에서 온 나탈리아는 스페인에 도착했을 때
비자가 없어 친한 까달란 친구와 서류상의 혼인을 했고 조르디
또한 다른 친구를 위해 결혼 서류를 내주었다는 이야기를 들었
다. 처음에는 선뜻 이해가 되지 않았지만 이런 경우를 많이
봐서 이제는 '뭐, 그럴 수도 있지.'라는 마인드가 되었다. 여름
에는 캠핑카에 아이들과 모든 주방 용품을 싣고 온 가족이 유럽
의 큰 축제들을 찾아 떠난다. 요리사인 조르디는 음식을 판매하
고 연극과 발레, 서커스 등 다방면에 재주가 좋아 극장의 아티
스트 디렉터로 일하는 나탈리아는 유럽의 다양한 축제를 통해

많은 영감을 얻고 온다. 그야말로 슈퍼 맘, 슈퍼 가족이다. 6년
이라는 시간이 지나도 서로 쳐다보는 순간 사랑에 빠진 연인의
눈빛을 교환하는 이 커플을 보고 있노라면 결혼식이나 서류 따
위가 반드시 중요한 것만은 아니라는 사실을 느끼게 된다.

하지만, 서류상의 결혼이 무조건 필요했던 친구도 있다. 아마두
는 더 나은 삶을 찾아 아프리카에서 목숨을 걸고 스페인으로
들어 온 불법 체류자 중 한 명이었다. 갈 곳이 없던 그는 소개받
은 젬마의 집에 있는 빈 방에서 지내게 되었는데, 결국 둘이 사
랑에 빠져 이스마엘이 태어났다. 이스마엘이 한 살 되던 해,
아마두의 서류상 문제를 해결하기 위해 젬마와 아마두는 시청
에서 결혼식을 하게 되었다. 조금 어려운 길을 가는 듯한 젬마
의 선택이었지만 부모님도 친구들도 모두 진심 어린 축하를 해
주었다. 증인을 앞에 두고 혼인 선언문을 읽는 시청 결혼식을
축하해 주기 위해 30여 명의 친구들이 모였고 엄숙한 결혼 선
언문 낭독이 끝나자마자 모두 팡파레를 울리며 축하해 주었다.

모두가 바르셀로나에서 만난, 각기 다른 삶을 택한 친구들의
모습이다. 남들과 비교하는 삶이 아니라 본인 개개인의 행복을
중요시하는 곳. 그리고 가족이 소중한 만큼 각자의 행복을 믿음
으로 지켜 주는 사람들이 있기에 그들의 다양한 모습이 존중받
으며 이어지는 것 같다. 내게 없는 것을 가진 사람들에게 칭찬
은 해 주되 그 선을 넘어서 그들이 가진 것을 부러워하지 않고
탐하지도 않으며 나와 비교하지 않는 선을 지킨다는 카탈루냐
사람들. 그런 그들이기에 개개인의 행복에 귀 기울일 줄 알고
본인이 원하는 삶을 정확하게 찾아 갈 수 있는 것이 아닐까.

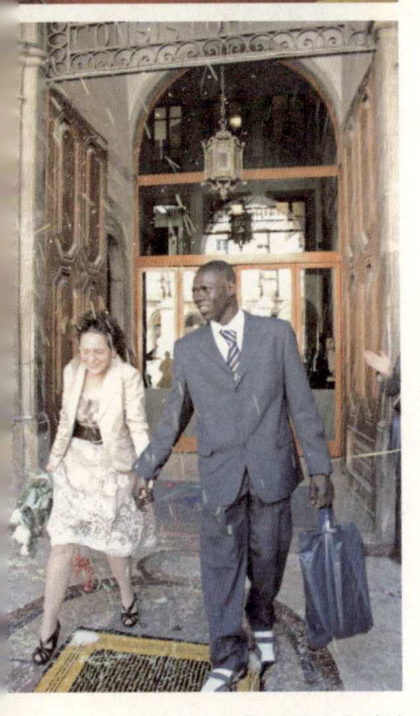

시청에서 결혼 서약서에 사인
하고 나오는 젬마와 아마두의
모습이다.

여행객들의 쉼터,
호스텔 스토리

어학연수를 위해 커다란 가방 하나 들고 뉴질랜드 오클랜드의 한 유스 호스텔에 도착했을 때는 만 스무살이었다. 도착과 동시에 이스라엘 예루살렘에서 온 두 청년을 만났다. 이야기만 들어본 나라에서 온 청년들이 부엌을 기웃거리는 나를 직접 만든 저녁 식탁에 초대했다. 차를 렌트해 뉴질랜드를 한 달간 여행할 것이라는 그들의 이야기가 마냥 신기했다. 영어를 배우러 왔다고 하니 이미 의사소통이 가능한데 왜 학원을 가냐고 묻는 그들에게 딱히 할 말이 없었다.

이때 불현듯 학원을 가지 않아도 영어를 배울 수 있는 방법이 떠올랐다. 여행을 하며 호스텔에서 만나는 친구들과 대화하며 영어를 배우는 것이다. 대부분이 영국, 캐나다, 호주, 미국에서 온 원어민들이었고 공용어로 모두 영어를 사용하니 이보다 더 좋은 어학원이 어디 있을까 하는 생각이 들었다. 주저 없이 3개월간의 뉴질랜드 배낭여행을 택했다. 다국적 친구를 사귀며 다른 나라의 문화를 있는 그대로 받아들이고 배우며 뉴질랜드의 경이로운 자연을 만끽할 수 있는 시간이었다. 10년이 지났음에도 기억나는 건 당시, 매일 아침에 눈을 뜰 때마다 믿기지 않을 만큼 행복한 나날들을 보내고 있었다는 것이다.

젊은 배낭여행객들의 집터

호스텔에서 키가 큰 네덜란드 여자아이와 5일 정도 한 방에 머물렀다. 그녀를 통해 네덜란드인은 키가 크다는 것, 네덜란드 언어와 사람을 더치라고 부른다는 것을 알게 되었다. 날씬하고 예쁜 영국 아가씨들이 술에 취하면 앞뒤를 안 가리고 춤을 춘다는 것, 독일인은 잘 안 웃고 무뚝뚝하지만 시간관념과 경제

관념이 철저하다는 것, 영어는 잘 못하지만 사람이 좋아 누구에
게나 수다를 쏟아내는 이태리 사람들, 책을 손에서 떼지 않는
영국인, 그리고 캐나나 퀘백에서 온 사람들이 프랑스어를 한다
는 것까지도 여행 중에 만난 사람들을 통해 배웠다. 혼자 하는
여행이기에 내가 먼저 다가가 이야기만 건네면 누구든지 환영
해 준다는 것도 알았다.

다양한 도시를 떠돌다가 마음에 드는 곳이 있으면 잠시 머물기
도 했다. 일주일간 뉴질랜드 가족과 함께 지내며 주말농장 일을
도운 적도 있고 호스텔에서 일을 하며 무료 숙박을 한 적도
있다. 타우포 마을의 개인 호스텔에서는 스텝으로 2주 정도 머
물렀다. 모든 투숙객에게 직접 구운 쿠키를 선물로 주는 푸근
한 아주머니와 플라잉 피싱으로 잡은 생선 요리를 해 주던 멋쟁
이 주인아저씨가 있는 호스텔이었다. 나는 호스텔에 걸려 오는

바르셀로나 호스텔에서 함께
즐거운 한때를 보냈던 스텝들.

문의 전화를 받고 길을 찾지 못하는 손님들에게 위치 안내를 해 주고 마을 지도를 설명해 주는 일을 했다.

폭우가 쏟아지던 날, 내 전화를 통해 간신히 호스텔에 도착한 영국인 존과 훗날 런던 여행에서 반가운 재회를 했다. 스위스에서 온 산드로와 호주 친구가 서울 우리 집에서 일주일간 머문 일도 있었다. 여행 중에 만난 많은 외국인을 다시 볼 수 있을까 싶었는데 연락을 주고받다가 더블린, 뉴욕, 일본, 프랑스 등에서는 그들의 신세도 지며 지구가 참 작다는 것을 실감했다. 그 이후로도 혼자 하는 배낭여행의 숙소는 언제나 호스텔이었다. 아무 거리낌도 불편함도 없었다. 영어를 쓰며 새로운 사람을 만날 수 있는 호스텔 생활을 여행의 일부분으로 받아들였기 때문이다. 당시의 해외여행은 내게 유일한 일상 탈출의 수단이었고 그 기간만큼은 한국인과 한국어에서 벗어나고 싶었다.

새롭고 낯선 환경으로 나를 몰아넣으며 낯선 곳으로의 모험을 즐겼다. 여행을 하는 동안에는 현지인들과 어울리며 새로운 음식을 먹고 영어를 쓰며 집 떠나 겪어야 하는 조금의 불편함에 익숙해지는 것이 내가 추구하던 여행 스타일이다.

스페인에서 호스텔 운영하기

바르셀로나에 머물기로 결정했을 때 전문 직업 학교에서 관광학을 2년간 공부했다. 실습 장소를 선택할 때에는 무조건 호스텔에 지원했다. 유니폼을 입어야 하는 호텔보다 배낭여행객들과 어울릴 수 있는 일이 훨씬 잘 맞는다고 생각했기 때문이다. 내가 바르셀로나에 여행객으로 처음 왔을 때 묵었던 에큅 포인트 호스텔의 리셉션으로 실습 장소가 결정되었을 때는 하늘을 날 듯한 기분이었다. 오전 체크아웃 손님들을 확인하고 복잡한 컴퓨터 프로그램을 이용해 체크인을 돕고 시간이 날 때마다 예약자들의 방 배치를 하다 보면 하루가 훌쩍 지나갔다. 각기 다른 이유로 바르셀로나를 찾은 세계 각국의 젊은이들을 만나고 머무는 동안 도움을 줄 수 있다는 것만으로도 신이 났다. 실습을 하는 3개월 동안 매일 아침 두근거리는 마음으로 자전거 페달을 밟아 호스텔로 향했다.

결국 그동안의 모든 경험을 활용해 직접 호스텔을 운영하기로 했다. 바르셀로나와 코리아를 합친, 스페인어로는 배를 뜻하는 바르코로 이름을 정하고 콘셉트도 리얼 스페니시 라이프 체험으로 잡았다. 관광지와도 가깝지만 현지인의 삶을 훔쳐볼 수 있는 곳으로 잡고 호스텔 운영 시간도 스페인 일상에 맞추었다.

호스텔의 작은 소품에도 스페인의 취향을 한껏 담아내고 싶었다.

늦은 오전에 아침을 준비하고 시에스타를 권장했다. 밤 10시에 저녁을 먹을 수 있는 곳도 추천해 주었다. 가우디 건물을 보고 인증 사진을 찍는 것도 중요하지만 카페에 여유롭게 앉아 커피를 마시거나 현지인과 도스 베소스(두 볼에 키스하는 스페인식 인사)를 해 보는 것도 또 다른 방식의 여행임을 알려 주고 싶었다. 살고 있던 집의 방 두 개로 시작했던 호스텔은 3년만에 1, 2호점, 그라나다 지점으로 규모가 확장되었다.

모든 게 익숙해질 때쯤 서비스업의 한계를 느꼈다. 바르코 콘셉트를 잘못 이해하는 사람들도 있었기에 모두를 만족시킬 수는 없지만 즐겁게 운영하자던 의미가 점차 퇴색했다. 한국에서도 좋아하던 일을 망설임 없이 그만두었던 것처럼 모든 일에 결단이 빠른 나는 이번에도 과감한 결단을 내렸다. 단, 약간의 스페

인 마인드를 가미하여 일은 하되 내 여가 시간을 확실히 확보하고 돈은 벌되 욕심은 부리지 말고 스트레스 받지 말고 즐길 것. 그래서 호스텔 규모를 과감하게 줄이고 하나만 운영하기 시작했다. 수요는 있는데 욕심을 버린다는 게 쉽지 않았지만 즐거운 마음과 더 나은 서비스를 제공하기 위해서는 적당한 지점에서 멈추는 게 정답이자 최선이었다.

호스텔 운영이 4년에 접어드니 만난 손님도 헤아릴 수 없이 많다. 매년 여름 방문객의 10% 이상은 재방문 손님이다. 다시 바르셀로나를 찾은 손님들의 방문만큼 신나는 일은 없다. 처음에는 손님으로 만났지만 점점 언니와 동생, 오빠가 되어 더 반갑고 편해진다. 대학생이 초등학교 선생님으로, 공무원을 그만두고 멋진 여사장이, 바르셀로나 맛집을 모두 섭렵하고 가더니

스페인 식당을 차린 손님까지. 처음 만났을 때 백수였던 사람들은 모두 취업을 했다. 세계 여행 중이었던 은정은 변호사가 되었고 엘리 언니는 바르셀로나에 중독되어 이미 네 번째 방문을 앞두고 있다. 싱글이 커플로, 커플이 신혼여행으로 재방문한 경우도 있다.

바르코 호스텔을 남겨 놓은 것은 인연의 끈을 놓고 싶지 않았기 때문이다. 이 자리를 지키고 있으면 수년 후라도 손님들이 바르셀로나로 다시 찾아 올 때 친척 언니 집에 가는 심정으로 편하게 찾아올 수 있을 테니까. 바르셀로나에 오면 반갑게 반겨줄 사람과 장소가 있다는 여지를 남겨 두기로 했다.

지상 낙원,
유러피언 여름휴가

1년 중 제일 긴 여름휴가는 가장 더운 7~8월에 2주~한 달 정도 이어진다. 8월이면 도시의 모든 로컬들은 빠져 나가고 그 자리는 관광객들로 메꿔지는데 엄청난 수의 독일인과 영국인, 이탈리아인을 바르셀로나 시내 전 지역에서 볼 수 있다.

본격적인 여름이 시작되는 6월에 접어들면 모든 대화의 주요 테마는 휴가 이야기로 바뀐다. 바르셀로나에서 차를 몰고 벨기에 부뤼셀까지의 캠핑 계획을 세우는 조르디 커플, 부모님이 사는 이태리 섬으로 가족을 만나러 가는 루치도, 자동차에 매트리스를 싣고 북부 갈리시아까지 여행할 예정인 알베르토 커플, 매년 여름 어머니 별장이 있는 스페인 북부 칸타브리아 주에 온 가족이 모여 함께 휴가를 보내는 마크와 마리아 커플, 작년부터 실업 급여로 생활해 오는 폴과 타이스도 여름휴가만은 빼놓지 않는다. 친구들이 임대한 자동차를 타고 우에스카(Huesca) 산속으로 캠핑을 떠날 계획이라고 했다.

여름휴가를 위해 한 달씩 업무를 중단하고 가게 문을 닫아도 그 누구도 손해 보는 것에 대해서는 생각하지 않는다. 1년간 열심히 일했으니 일은 잠시 내려놓고 더위를 피해 충전의 시간을 갖는 것을 모두가 당연하게 여긴다. 휴가 때는 관광도 접고 오직 쉴 수 있는 휴양만을 바라기도 한다. 도시에서 가급적 떨어져 시간과 날짜를 잊은 채 보디 타임에 맞춰 일어나고 자고 먹고 쉬고를 반복하며 일체의 스트레스에서 벗어나는 온전한 휴식 말이다.

여름에 일을 해야 하는 사람들도 관광 성수기가 끝나는 9월에라도 꼭 어디론가 떠날 정도로 여름휴가를 거르는 사람을 거의 보지 못했다. 스페인 친구 중에 약 1년간 일이 없어 실업 급여로 살아가며 앞날에 대해 걱정하는 친구가 있었다. 여름 관광 성수기가 시작되며 7월과 8월에 일자리가 생겼고 휴가철이라 보수도 거의 두배 가까이 준다는 제안이 들어 왔다. 기쁜 소식이라며 당연히 일을 권유하는 내게 친구가 하는 말은 모두 휴가를 떠나는 여름이니 본인도 여름휴가를 가야 한다는 것이었다. 더불어 본인의 개인 여가 시간이 중요하기에 하루 8시간 이상은 절대 일을 할 수 없다고 했다. 1년간 놀았고 일자리가 생겼는데도 여름휴가만은 고수하는 친구의 고집과 하루 노동 시간을 따지는 것이 마치 투정처럼 느껴졌다.

그런데 스페인 생활이 길어질수록 여름휴가의 중요성을 새삼 깨닫는다. 모든 학교와 수업이 방학을 하고 동네 숍들이 문을 닫는 시기에는 도시에 남아 있을 이유가 없다. 여름에 쉬지 않으면 여름을 지내지 않은 것 같고 내가 아무리 바쁘게 움직이더라도 8월에는 도시 전체가 멈추어 있기에 일이 빨리빨리 돌아가지도 않는다. 람블라스 거리에만 관광객들이 바글거릴 뿐 집 앞 보데가도 문을 닫고 보케리아 시장의 단골 숍들도 모두 문을 닫는다. 주변 친구들도 대부분 멀리 떠나 도시가 텅 빈 듯한 느낌을 받다 보니 나 또한 여름에는 바다를 찾아가 휴식을 취하며 충전을 해야 한다는 생각이 절실해졌다.

36

유럽 최고의 휴양 섬, 마요르카

모든 유럽인이 사랑하는 주요 휴양지 중 한 곳은 스페인의 섬들이다. 독일인들과 영국인들의 식민지라고 불릴 정도로 엄청난 외국인 거주자들이 있는 마요르카(Mallorca), 처녀 섬이라 부를 정도로 관광화가 덜 된 메노르카(Menorca), 그리고 환락의 섬이라 불리는 이비자(Ibiza)와 이비자에서 배를 타고 갈 수 있는 포멘테라(Formentera) 등이 스페인의 대표적인 휴양지다.

마요르카는 수십 년 전부터 강한 햇살과 절벽, 모래사장 등 모든 풍광을 지닌 해변, 그리고 맛있는 음식들 덕에 유러피언들의 가족 여행지로 꼽혔다. 현지인들도 대부분 관광업에 종사할 정도로 마요르카가 연간 관광 사업으로 벌어들이는 돈 또한 무시 못 한다. 독일인 중에는 마요르카를 안 가 본 사람이 거의 없으며 별장을 가진 사람도 많아 평일에는 독일에서 일하고 주말은 마요르카에서 보내는 사람도 상당수 있다. 마요르카는 애국가를 작곡한 안익태 선생님이 머무르다가 별세하신 곳, 쇼팽과 조르드 상드가 요양 차 머물렀던 곳 정도로만 알고 있었는데 스페인에서 맞는 첫 휴가는 마요르카 섬에서 보내기로 결정했다. 바르셀로나에서 저녁 배를 타고 아침에 팔마에 도착한 후 친구의 소개로 시골 마을에 사는 마리아와 라파엘 할아버지 댁에 머물게 되었다. 토레라고 부르는 그들의 시골 주택은 내 눈에는 마치 저택처럼 넓어 보였다. 농장 같이 넓은 정원, 정원을 가득 채운 온갖 다양한 선인장류의 식물들, 작은 수영장, 창고 가득 마요르카 대표 햄 소브라사다(Sobrasada)가 주렁주렁 매달려 있고 아침마다 달걀을 내주는 닭도 여러 마리가 함께 살고 있는 전형적인 마요르카의 시골 집이었다. 집을 안내해 주신 주인 내외는 집 앞 작은 와인 밭도 구경시켜 주셨다. 포도 수확 후 1년 마실 분량의 와인을 직접 만들어 가족, 지인들과 나누신다고 했다.

한여름, 오후 2시가 넘어가면 마요르카에서는 땡볕 때문에

마요르카의 전형적인 주택 내부의 모습이다. 천장이 높아 여름에도 시원하다.

걸어 다닐 수가 없다. 햇볕이 머리 위로 내려 꽂을 때쯤 하던 일을 모두 멈추고 실내로 들어가야만 버틸 수 있다. 할아버지네 집은 그런 마요르카의 더위를 잘 피할 수 있게 만들어진 전통 가옥이다. 집 내부가 마치 동굴 안에 들어온 것처럼 시원하기 때문에 한창 더위에는 바깥의 열기와 햇볕이 들어오지 못하게 집안의 모든 문을 걸어 잠근 후 실내에서 점심 식사를 준비한다.

내 담당은 접시 나르기 및 테이블 세팅. 주방에서 긴 복도를 통과해 거실까지 식기류를 날라야 했다. 요리를 조금 거들고 싶지만 70년 주방 경력의 마리아 할머니 성에 차지 않을 게 분명하기에 옆에서 열심히 요리조리 물으며 음식 간을 보는 역할을 한다. 라파엘 할아버지는 할머니의 잔소리를 5분 간격으로 들으시는데 대꾸 한번 못하시고 할머니가 시키는 대로 움직이신다. 빠에야에 들어갈 토끼를 작은 도끼로 내리쳐 토막내는 일도 할아버지 담당, 샐러드에 들어갈 참치 캔을 따거나 올리브 캔을 창고에서 꺼내 오는 일도 주로 할아버지가 하시는 일이었다.

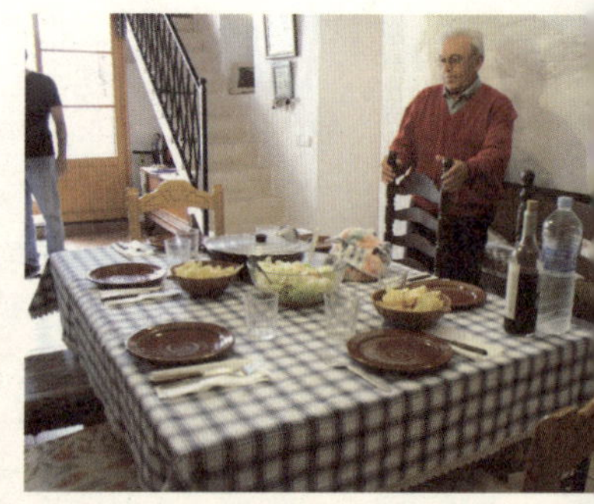

마요르카에 갈 때마다 할머니는 늘 마요르카 전통 음식 소파 데 마요르카(Sopa de Mallorca)를 준비해 놓으시고 마요르카산 치즈와 햄 종류를 잔뜩 풀어 놓으셨다. 직접 닭장에서 가지고 오신 신선한 달걀로 만드는 할머니표 토르티야는 겉은 바짝 익히되 속은 야들야들해 촉촉한 달걀과 잘 익은 감자의 맛을 온전히 느낄 수 있었다. 직접 잡은 토끼를 넣어 만들어 주시는 일요일 점심의 빠에야 또한 잊을 수 없다. 매번 토끼 고기 안에 작은 총알이 들어가 있으니 살펴 먹으라고 주의를 주셨는데 나는 아직도 그 총알 이야기가 농담인지 진담인지 구별이 안 간다. 직접 딴 오렌지를 얇게 썰어 술에 재웠다가 계핏가루를 뿌려 만든 디저트는 바르셀로나로 돌아와 아무리 따라 만들려고 해도 그 맛을 흉내도 못 냈다.

내가 모든 요리를 칭찬하기 시작하면 할머니는 미리 준비해 놓은 저녁 메뉴에 대해서도 이야기를 꺼내시고 그 틈을 타서 라파엘 할아버지는 직접 담근 와인 한병을 꺼내 놓으시고 나무에서 따온 오렌지를 봉투에 담아 주시며 우리에게 꼭 챙겨 가야 한다는 것을 신신당부하시곤 했다. 점심 식사를 마친 후 짧은 시에스타를 보내고 수영장에서 시간을 보내거나 바다를 찾아가는 일이 처음 마요르카에서 보낸 일주일의 전부였다.

내 인생에 그렇게 완벽한 휴식을 가진 적이 있었을까? 아무것도 하지 않는 자유로움을 처음으로 만끽했던 것 같다. 그 뒤로도 인적 없는 바닷가를 즐긴다는 핑계로 마요르카를 수시로 방문했는데 사실 마요르카를 가는 가장 큰 이유는 마리아 할머니 음식을 맛보기 위해서였다. 어느 유명 레스토랑에서도 절대 맛볼 수 없는 할머니 손맛의 비밀. 마요르카에 갈 때마다 나는 할머니의 토르티야와 빠에야를 생각하며 비행기 안에서부터 이미 군침을 삼킨다.

바스크 친구들과 보낸 여름휴가

한번은 스페인 북부 빌바오에 사는 친구들까지 모두 모여 마요르카에서 2주간의 휴가를 함께 보낸 적이 있다. 처음으로 리얼 유러피언 휴가 스케줄을 맛본 나날들이었다. 특별히 정해진 스케줄도 없었다. 눈이 떠지는 순서대로 순차적으로 깨서 누군가 먼저 내려 놓은 커피를 마신다. 여러 명의 친구들이 모두 정신을 차리면 이미 해가 중천에 걸려 있다. 서서히 늦은 아침 식사로 빵 콘 토마테를 준비한다. 빵을 구워 토마토를 쓱싹 문지르고 올리브유를 둘러 치즈와 햄 등을 올려 먹는다.

어제의 재미난 일들을 이야기하고 지도를 펼쳐 놓고 오늘 오후에 어느 바닷가에 갈지를 정하다 보면 한두 시간은 훌쩍 지나간다. 마요르카 섬에 온 이상 최대한 인적이 드물고 고운 모래가 있거나 다이빙할 수 있는 절벽이 있는 바닷가, 물이 맑은 해변을 찾아 다니는 게 우리들의 최대 관심사이고 미션이었다. 이미 시간은 2시를 향하고 강한 해가 머리 위에 걸려 있기 때문에 점심을 먹고 해가 한 풀 꺾이기를 기다린다. 해가 수그러들고 바닷물은 따듯하게 데워져 있을 오후 5시쯤에는 각자의 비치 타월과 선크림, 책 등을 챙겨 바다를 향해 떠난다. 밤 10시가 되어야 해가 지는 여름철에는 바다에서 보낼 수 있는 오후 시간도 길기 때문에 서두를 필요가 없다. 이곳에서는 누드비치라는 말을 사용할 필요도 없다. 애써 찾아온 작은 바닷가에는 우리 팀 말고 고작 두세 팀이 더 있을 뿐 여름 성수기라 생각할 수 없을 만큼 한가롭다. 바닷물 속의 발가락이 보일 정도로 맑은 곳에서 모두가 수영복 따위에 크게 구애 받지 않고 가장 자유로운 모습으로 바다를 즐기고 있다. 다른 사람의 시선은 아무도 신경 쓸 필요 없이 각자의 공간을 확보한 후 비치 타월을 펼쳐 놓고 가장 편안한 자세로 휴식을 취하면 된다. 수영을 한차례 즐긴 후 해안에 누워 낮잠을 자고 다시 일어났을 때는 책도

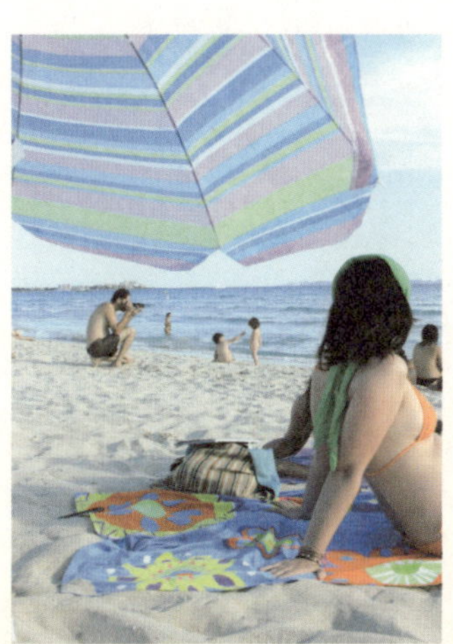

차를 세우고 15분 정도 걸어가
다 보면 아름다운 해안들이 펼
쳐진다. 이곳에서 진정한 휴식
을 맛볼 수 있다.

몇 장 읽다가 다시 물에 들어가고. 간식으로 싸온 과일과 맥주
를 홀짝이며 더운 여름의 오후 시간을 만끽하면 된다.
누가 더 바짝 골고루 예쁘게 태웠느냐가 그날 저녁의 주요 화
두였다. 일주일간을 하루도 빠짐없이 더 나은 바다를 찾아다니
며 수영을 하고 해변에 누워 낮잠을 자고 태닝을 하며 보내다
보니 역시 도시 사람인 나에게는 살짝 지루함이 찾아오기도
했다. 그럴 때는 마요르카의 수도 팔마를 방문해서 짧은 관광
을 하거나 쇼팽이 요양 차 머물렀던 발데 모사(Valldemosa)에
들르기도 했고 올드 트램을 타고 소예르(Sóller)를 구경가기
도 했었다. 마요르카의 매력에 빠진 뒤로 매년 여름이 되면 섬
을 샅샅이 뒤져 더 아름답고 인적 드문 바닷가를 찾아 다녔다.
적어도 메노르카 섬을 방문하기 전까지는. 마요르카 보다 규모
가 훨씬 작은 섬인 메노르카는 한국에서 짧은 일정으로 방문한
동생 커플과 함께 시간을 보내기 위해 찾은 곳이었다. 마요르카
섬은 크기 때문에 적어도 일주일 이상의 시간적 여유를 두고 다
녀야 즐길 수 있다는 생각에 사흘간의 일정에 맞는 메노르카를
추천했다. 메노르카의 남부 비니베카라는 작은 마을에 머물러
있기만 했는데도 시간은 쏜살 같이 흘러 갔지만. 이비자와 포멘
테라 다음으로 마음에 드는 스페인 섬의 발견이었다. 유럽에 살
면서 유럽 다른 도시들을 많이 여행하냐는 질문을 종종 받는다.
주말이나 비수기에 유럽의 각 도시로 날아가는 저렴한 항공
티켓이 많은 것이 사실이지만 스페인에도 좋은 곳이 많다 보니
스페인을 벗어나는 것이 쉽지가 않다.

여름에는 마요르카와 메노르카, 포멘테라 등의 섬이 줄줄이 기다리고 있고 겨울이면 따뜻한 안달루시아와 수영도 가능한 테네리페 섬, 봄과 가을에는 맛의 고장 스페인 북부까지 돌아다니다 보면 유럽의 다른 나라를 둘러볼 기회를 찾기란 참 쉽지 않다. 그리고 결국 다른 나라의 유명 도시를 가서 늦은 밤의 유럽 문화, 값싸고 좋은 와인, 맛있는 음식들과 정겨운 사람들을 모두 갖춘 스페인과 비교하게 된다. 여름이 끝나가는 8월말, 휴가에서 돌아오자마자 다음 9월의 바르셀로나 축제 메르세 일정과 11월의 겨울 휴가를 미리 그려볼 수 있는 여유, 스페인의 일상을 마음껏 누릴 수 있는 지금이 참 행복하다.

Festival&
Culture

PART 2

스페인의 축제와 문화를 경험하다

365일 축제가 끊이지 않는 나라 스페인. 먹고 마시고 춤추며 사랑하는 사람들 속에 어울려 실컷 그들의 축제를 만끽했다. 리듬에 맞춰 몸을 움직이기만 해도 그 분위기에 동참할 수 있다. 축제가 생활의 일부분인 스페인 사람들. 와인 한 잔에 흥이 겨워 꺄르르 웃으며 춤을 출 수 있는 그들의 천진난만함을 사랑한다.

1년 내내 축제의 나라

새로운 곳을 떠도는 여행자라도 축제에 참여하면 흥겨운 분위기에 맞춰 현지인과 격 없이 어울릴 수 있다. 도시의 주요 전통 축제라면 수백 년에 걸쳐 내려오는 그들의 문화와 가치관, 무형 문화재를 한 번에 모두 체험할 수 있으니 관광객에게 이만큼 더 사실적이고 생생한 현지 문화 체험은 없을 듯하다. 그런 점에서 축제가 끊이지 않는 스페인은 관광객이 1년 365일 언제 찾아도 좋은 나라다.

매년 200여 개의 크고 작은 축제가 열리는 스페인은 축제 기간과 축제 준비 기간을 생각하면 1년 내내 축제의 나라임이 틀림없다. 세계적으로 유명한 스페인의 3대 축제는 세비야주(Sevilla)의 페리아(Feria), 팜플로나(Pamplona) 소몰이 축제인 산 페르민(San Fermín), 그리고 발렌시아(Valencia)의 불꽃 축제 라스 파야스(Las Fallas)다. 나라에서 지정하는 축제 외에 각 도시, 주 단위 마을, 동네 축제까지 소개하려면 밤을 새워도 모자란다.

배부른 소리일 수도 있지만 스페인에 살다 보면 '아! 오늘 또 쉬는 날이야?'하는 소리가 절로 나온다. 쉬는 날에는 모든 관공서와 상점들이 문을 닫고 현지인이 빠져나간 도시의 빈자리를 관광객이 대신하는 경우도 많다. 징검다리 휴일처럼 축제일이 목요일이면 아예 금요일부터 토요일, 일요일까지 붙여 쉬는 경우도 많으니 현지인들은 일주일간 계속되는 축제 기간에 도시를 벗어나 작고 조용한 별장으로 향하는 경우가 대부분이다. 돈이 많아서라기보다 여유로운 일상을 즐기는 사람들은 도시 외곽의 작은 시골 마을에 별장으로 작은 집을 마련하기도

BAR TURIA
TASCA-MOU

한다. 각 도시와 마을, 주 단위의 축제들은 새로운 볼거리를 위해 갑자기 만들어진 것들이 아니라 수십 년에 걸쳐 내려오는 전통을 간직하고 싶은 정신에서 유래된 것들이 많다. 마을 전통 의상을 입고 할머니와 할아버지 또는 그 이전 세대들이 추었을 전통 춤을 추며 온 마을 사람들이 함께 어울리기 위해, 마을의 성인을 기리기 위해 축제를 열고, 중세 시대 당시의 마을 모습을 고스란히 재현해 마켓을 열기도 한다. 또는 마을 사람들이 모두 모여 전통 음식을 함께 나누며 먹고 즐기는 축제도 있다.

바르셀로나와 마드리드 같은 대도시에서도 골목 축제의 경우는 이웃들이 함께 모여 재미 있는 아이디어로 골목 전체의 집과 거리를 장식하고 흥겨움을 더하기 위해 콘서트를 연다. 골목에 테이블과 의자를 내놓고 밤새 어울려 식사를 즐기는 진풍경이 펼쳐지기도 한다. 나도 여행 중에는 음식으로 넘쳐나는 그들만의 식탁을 부러운 마음으로 훔쳐보기도 했다. 당시에 부러웠던 것은 테이블 가득한 접시와 찰랑거리는 와인이 아니라 이웃들이 함께 모여 웃음을 나누고 행복을 누릴 수 있다는 사실이 아니었을까?

여름의 시작, 토마토 축제

스페인에서 처음 찾았던 축제는 한국에도 제법 알려진 발렌시아 주 뷰뇰(Vuñol)에서 열리는 토마토 축제 라 토마티나(La Tomatina)였다. 벌거벗다시피 한 사람들이 엄청난 양의 토마토에 빠져 허우적거리며 신나게 웃고 있는 사진을 보고 반해서 'To do list'에 올려 놓았는데, 드디어 기회가 온 것이다. 8월의 마지막 주 수요일에 열리는 토마토 축제를 보러 무작정 버스에 올랐다.

약 50년 전 시의회 의원들에게 토마토를 던지던 것에서 유래된 토마토 축제는 광장 한가운데 위치한 장대 위의 햄을 따면서

본격적인 토마토 전쟁의 시작을 알린다. 축제 전야제를 위해 밤 새 술을 마신 덩치 큰 유럽 사람들 가운데 있던 나는 간신히 숨 쉴 공간만을 남겨 놓고 발을 빼꼼히 들며 열심히 시야를 확보하 려고 했지만 결국 수많은 사람 속에 묻혀 장대가 어디 있는지, 햄을 언제 땄는지, 토마토는 도대체 어디서 날아오는 건지 가늠 할 수조차 없었다.

인파로 가득 차 터질 것만 같은 골목길로 토마토를 가득 실은 커다란 트럭이 꾸역꾸역 들어왔다는 것과 어디선가 날아온 토 마토가 내 얼굴을 여러 차례 강타했다는 것만 기억할 뿐이다. 터지고 뭉개진 토마토가 강한 햇살 아래 역겨운 냄새를 풍기며 얼굴과 목, 등으로 마구 들이친다. 막무가내로 옷을 잡아 찢던 남자들, 머리 위로 마구 떨어지던 토마토와 전날 숙취로 인해 흥분한 사람들의 고함 소리. 눈물범벅, 땀범벅, 토마토 범벅이 된 채 출구를 찾아 빠져나왔다. 아니, 인파에 떠밀리고 떠밀려 나온 게 정확한 표현이다.

골목 구석에서 머리부터 발끝까지 토마토 범벅이 된 채 한쪽 어깨가 찢어진 티셔츠를 부여잡고 훌쩍거렸던 모습이 그토록 기대했던 축제 끝의 몰골이었다. 화려한 볼거리와 전통 먹거리, 그리고 현지인들과 부대끼는 축제에 대한 환상 때문이었을까? 토마토 축제는 유럽 각지에서 술에 취하고 싶은 젊은이들이 밤새 몰려 다니며 술을 마시고 축제 당일 오전 딱 1시간 동안 토마토를 마음껏 던지는 광란의 파티였을 뿐, 기대했던 뷰뇰 마 을의 전통이나 축제의 유래, 그들의 문화를 엿보기에는 턱없이 부족했다. 축제 후 일주일 정도는 진한 토마토 냄새가 코끝에서 맴돌아 토마토가 들어간 모든 음식을 피했던 게 기억에 남는다. 이후 토마토 축제에 대한 환상이 깨지고 대신 전통 축제에 참여 하고 싶은 욕심이 생겼다.

유럽 각지에서 토마토 축제를 즐기기 위해 모여든 유럽 젊은 이들. 1시간 동안 마음껏 토마토 속에 파묻힐 수 있다.

200년 전통의 인형 축제

여행 중 만난 스웨덴 출신의 페드리카는 발렌시아 축제에 대해 한 시간도 넘게 얘기했다. "어메이징한 시간이었어! 사람보다 훨씬 큰 종이 인형들이 골목을 가득 채우고 있고 다양한 스페인 음식을 모두 맛볼 수 있어. 중세 시대 복장을 입은 아름다운 여자들과 우아한 남자들까지도! 기회가 되면 꼭 한 번 가보라고." 그녀의 들뜬 목소리가 인형 축제에 대한 나의 기대를 다시 한껏 부풀려 놓았다.

발렌시아의 인형 축제인 라스 파야스는 오래 전 목수들이 겨울의 끝을 기념하기 위해 나무 잔재들을 태우고 훗날 발렌시아 사람들이 마분지와 천 조각으로 인형을 만든 것에서 유래한 축제다. 축제 기간 도시 곳곳에 엄청나게 큰 수백 개의 인형들을 세운 후 축제 마지막 날 투표로 선정된 최고의 작품만을 남겨 놓은 채 도시에 세워진 모든 인형들을 일제히 태우면서 축제는 끝난다. 도시 전체가 커다란 불꽃에 휩싸이는 밤, 상상만으로도 놓치고 싶지 않았다.

발렌시아 축제 마지막 날, 골목마다 다양한 장르의 음악이 쏟아져 나오고 창문마다 게양된 국기들은 바람에 휘날리고 골목길을 돌아설 때마다 폭죽의 굉음이 계속되며 도시 전체가 흥겨움에 에워싸여 있었다. 아름다운 드레스를 입은 여인들의 퍼포먼스와 발렌시아 전통 음식인 빠에야(Paella 다양한 해산물과 야채를 넣어 쌀을 넣고 끓인 요리)와 오르차타(Horchata 발렌시아 전통 음료), 부뉴엘로스(Bunuelos 도넛 모양의 튀김)를 파는 끝없는 행렬 사이로 시선을 끄는 것은 골목에 자리 잡고 있는 5층 빌딩 높이의 웅장한 인형들이었다.

고운 파스텔 톤에 풍부한 표정과 우스꽝스러운 동작을 하고 있는 인형들이 당장이라도 건물 사이를 걸어 다닐 듯 보인다. 세밀하게 묘사된 치마 끝의 주름과 신발 앞 코의 뭉툭함,

예쁘게 매니큐어를 바른 손톱, 휴지가 떨어져 화장실에 갇힌
아저씨, 치마가 바람에 뒤집힌 숙녀 등 기발하고 재치 있는 스
토리를 가진 인형들이기에 보는 재미가 더해졌다. 거리에 가득
한 간식 차량에서 츄로와 부뉴엘로스를 사들고 본격적인 축제
구경에 나섰다.

우선, 음악이 들리는 곳을 따라 가니 색소폰, 플루트, 트럼펫, 트
롬본 등을 연주하는 학생 악단이 흥겹게 음악을 연주하며 행진
중이었고 뒤를 이어 금박, 은박 프린트 된 드레스를 입고 금색
핀으로 머리를 정갈하게 틀어 올린 여인들의 행렬이 이어진다.
팔찌, 목걸이, 귀걸이와 리본을 달고 드레스를 차려 입은 사람들
은 어린 여자아이들부터 60대 할머니에 이르기까지 함께 어울
려 축제를 즐기고 있었다. 작은 동작 하나까지도 신경을 쓰는 그
들은 관광객에게 둘러싸여 플래시 세례를 받는 내내 싱글벙글
웃으며 그들의 축제를 찾아 준 관광객을 반갑게 환대하며 맞아
주고 기꺼이 모델이 되어 주었다.

라스 파야스 축제를 찾기 전까지는 5일간의 축제 기간에 인구
2만인 도시의 1년 예산을 송두리째 써 가며 축제를 벌이는 만
큼 사용한 예산 이상을 벌어들일 상업적 아이디어로 도배된 부
분이 있을 것이라 생각했다. 축제일에 맞춘 바가지요금과
마을 주민들의 상술에 눈살이 찌푸려질 줄 알았는데 예상은
모두 빗나갔다. 골목골목의 상점들은 방문한 외지인에게 친절
을 다하며 본인들의 전통 음식을 소개하고 알리기에 앞장섰고
무거워 보이는 전통 복장을 입고 5시간 넘게 퍼레이드를 하는
주민들은 약 1800년경부터 전해 내려오는 본인들의 축제 의식
에 참여할 수 있음을 자랑스럽게 생각했다.

어린이부터 중년의 어른들 그리고 노인들까지 함께 어울려
악기를 연주하고 춤을 추는 축제에서 성별과 연령 따위는 중요
해 보이지 않았다. 지난 시간의 발자취를 지켜왔던 원동력으로

화려하고 웅장한 발렌시아 축제의
마지막은 모든 인형을 불태우며 끝
이 난다.

앞으로도 수백 년간 축제가 이어질 것 같은 확신이 들었다. 축제의 마지막을 알리는 자정이 가까워지는 순간, 구경꾼들은 인형들 사이로 모여 들었고 이에 맞춰 형형색색의 불꽃이 하늘로 치솟았다. 거리의 모든 조명과 불빛이 일제히 사그라지는 순간 모두 한마음이 되어 환호성과 함께 카운트다운을 외치기 시작했다. '뜨레스! 도스! 우노! 세로~' 자정이 된 순간 불이 붙어 타오르며 무너져 내리는 인형들 사이로 연인들은 입을 맞추고 아이들은 춤을 추며 거리를 질주했고 여행객들은 카메라에 찰나의 순간을 영원히 기억하고자 애썼다.

일주일간 계속된 화려함, 흥겨움과 아름다움이 거세게 타오르는 불꽃과 함께 땅속으로 꺼져 들어가는 듯 했다. 축제 끝에 남은 것은 검은 재뿐이지만 스페인 전통 축제의 화려한 볼거리와 먹거리 그리고 축제에 참여한 사람들의 모습은 깊이 각인되었다. 화려한 축제가 끝났다는 아쉬움이 있었지만 가까운 미래에 만나게 될 또 다른 축제를 기약했다. 그때에는 조금 더 적극적으로 그들과 어울려 축제를 즐기기를 기대하면서.

 **여행 TIP**

3월 12일~19일　　　라스 파야스 축제 www.fallas.com
7월 6일~14일　　　산 페르민 축제 www.sanfermin.com
8월 마지막주 수요일　라 토마티나 축제 www.latomatina.info

Mercè
2013
MERCÈ
#Mercè13
BARCELONA

카탈루냐 주의 도시 축제

매년 같은 달과 같은 날에 반복되는 법정 공휴일, 비슷한 계절에 찾아오는 축제 기간에 익숙해지는 데까지 그렇게 오래 걸리지는 않았다. 단지 계속되는 연휴에 '내일도 휴일이래. 근데 무슨 휴일이지?'라며 어떤 날인지, 무엇을 기념하는지도 모른 채 지나간 적도 많다. 쏟아지는 축제 소식에 빠져 허우적거리지만 정작 올해 놓친 축제가 있어도 내년에 참여하면 된다고 생각하니 조급한 마음도 없어진다.

프리마베라(Primavera) 축제

3월이나 4월이면 스페인 전역에서 1년 중 가장 큰 축제인 가톨릭 종교 휴일, 세마나 산타(Semana Santa)가 일주일간 계속된다. 스페인 남부에서는 매일 거룩한 종교 행렬이 이어지는데 이 시기에 날씨가 나빠진다는 것도 경험에 의해 기억한다. 따라서 가벼운 외출에도 우산을 챙겨야 한다.

꽃들이 만연하는 봄에는 람블라스 거리의 꽃 가게에서 가장 아름다운 꽃으로 집을 장식하며 바르셀로나 근교 도시 지로나(Girona)의 꽃 축제가 가까워왔음을 감지한다. 축제 방문을 위해 5월 말, 주말 스케줄을 미리 비워 놓는 여유도 부려 본다.

여름의 기운이 만연할 때쯤, 그리고 작년에 사 놓은 꿀 항아리의 꿀이 바닥을 보일 때쯤이면 라발의 보케리아 시장 뒤쪽에서 열리게 될 꿀과 허브 마켓을 기다린다. 일주일도 채 지나지 않아 보케리아 시장 가는 길에 인파로 가득한 꿀 마켓과 마주한다. 최상의 컨디션을 위해 신체 리듬을 맞추듯 바르셀로나 체류 기간이 길어질수록 도시 리듬에 생활을 맞춰 가는 내 모습을 보게 된다.

카탈루냐 주의 본격적인 축제는 완연한 봄 날씨를 보이는 4월 23일의 산 조르디의 날(Dia de sant Jordi)에 시작된다. 조르디라는 기사가 제물로 바쳐진 공주를 구한다는 카탈루냐의 전설을 토대로 시작된 기념일이다. 남자는 여자에게 장미 한 송이를 선물하고 여자는 남자에게 책을 선물해 주기에 카탈루냐식 밸런타인데이라고 부르거나 책의 날로 불리기도 한다. 이른 아침부터 람블라스 거리에는 서점과 출판사에서 준비한 일일 가판대들이 자리를 차지하고 있다. 꽃 가게에서는 붉은 장미꽃을 판매한다. 책의 날로 불리는 축제답게 시 낭송회, 작가와의 만남, 작가 사인회, 출판사별 이벤트 등으로 거리에 볼 것이 넘쳐난다. 그리고 이른 오전부터 사랑하는 사람을 위해 준비한 장미꽃을 손에 들고 가는 남자들의 모습이 곳곳에서 눈에 띈다. 반면 온통 꽃으로 뒤덮인 마을 축제도 있다. 개인적으로 가장 기다리고 좋아하는 축제는 지로나의 꽃 축제(Tiempo de Flores). 매년 5월 중순쯤에 시작해 전시한 꽃들이 시들 때까지 약 10일간 계속된다. 축제 기간에는 도시 전체의 공공 기관과 미술관, 유적지와 극장뿐 아니라 개인 주택의 앞마당까지도 특정 주제로 꽃 장식을 한 뒤 무료로 개방한다. 이렇게 전시된 꽃은 단순히 보기 좋은 장식으로서가 아닌 또렷한 주제를 표현한 하나의 작품들로 재탄생한다. 구름과 천사들로 가득한 천국을 표현한 성당 안 작품과 화가의 쓰다 남은 물감들이 흐트러져 있는 화판을 묘사한 대성당 앞 거리 등 모든 곳이 매년 기발한 아이디어로 제각각 꾸며진다. 지도를 보고 작품 번호대로 찾아다니다 보면 꽃구경과 함께 도시 구경까지 한 번에 할 수 있다.

도시 전체가 꽃으로 뒤덮인 지로나. 축제 시간에는 사랑을 속삭이는 커플들의 모습이 많이 보인다.

베라노(Verano) 여름 축제

이렇게 꽃에 취해 봄을 보내면 축제의 절정인 여름과 마주한다.
여름 축제의 시작은 뮤직 페스티벌이다. 유럽의 인디밴드를
만날 수 있는 음악 축제인 프리마베라 사운드(Primavera Sound)
는 바르셀로네타 해변 끝에 동떨어져 위치해 있는 포럼(Forum)
지역에서 약 5일간 진행된다. 전 유럽에서 모여든 젊은이들로
인해 매일 밤 열기를 더해만 간다. 또 다른 유명한 음악 페스티
벌은 소나르(Sónar)로 일렉트로닉 영상 아트 음악 페스티벌이
다. 바르셀로나의 현대 미술관 막바와 세세세베 미술관 앞에서
공연을 하는데 유럽의 유명 아티스트들과 뮤지션들의 합작
공연이 이루어진다. 6월 중순 약 2~3일간 열리는데 온라인
티켓팅이 시작되자마자 한 시간 안에 모든 티켓이 매진될 정도
로 매년 인기를 더하고 있다.

반면 본격적인 더위와 휴가가 시작되는 7~8월에는 도시에
남아 있는 사람들을 위해 야외 영화제와 거리 공연이 계속
된다. 몬주익 성에서 개최되는 야외 영화제 살라 몬주익(Sala
Montjuic)에는 음료와 먹거리를 가지고 가서 푸른 잔디밭에 뒹
굴며 늦게까지 영화를 즐기면 된다. 영화를 보며 피크닉을 즐기
는 특별한 체험이다. 또한 8월 내내 세세세베에서는 일주일에
두 번씩 미술관 야외 테라스의 일광욕 의자에 드러누워 맥주를
홀짝일 수 있는 영화제가 열리기도 한다. 유럽의 다양한 인디영
화는 물론 가끔은 일본, 중국, 한국 영화도 상영하기에 빼놓지
않고 프로그램을 확인한다. 또한 유럽 전역의 유명 팀이 몰리는
국제 연극 무용 페스티벌인 그렉 페스티벌(Grec Fiesta)이 몬주
익 언덕의 극장과 바르셀로나 시내 곳곳의 공연장에서 한 달 간
계속된다. 이렇게 여름만 되면 참석해야 하는 축제가 많아지는
바르셀로나에서는 더위에 지칠 새도 없다. 늘 수많은 옵션 중에
서 하나를 선택해야 하는 것이 힘들 뿐이다.

바르셀로나의 여름은 축제가 끊이지 않는다. 각 마을의 축제 이외에도 연극, 뮤직, 댄스, 서커스 등을 즐길 수 있다.

그중에서 관광객에게도 추천하는 축제는 그리시아 지구의 동네 축제다. 현지인들이 많이 모여 사는 그라시아 지구에서 열리는 그라시아 축제는 같은 골목에 사는 동네 사람들끼리 모여 거리를 장식하고 점심, 저녁에 모여 함께 식사하고 공연하며 즐기는 동네 파티에서 시작되었다. 그라시아 지구 전체 골목을 각기 다른 콘셉트로 장식하고 밤에는 그 거리에서 공연과 콘서트가 진행된다. 동네 사람들이 모이던 작은 파티에서 바르셀로나 지역의 젊은이들이 함께 모여 즐기고 이제는 외국인들까지 일부러 찾아오는 유명 축제가 되었다.

처음 그라시아 축제에 참여했을 때는 거리의 장식들에 눈이 휘둥그레졌다. 축제 마지막 날 제일 잘 꾸민 거리를 뽑아 상을 주기 때문에 경쟁을 하듯 각각의 거리마다 기발한 아이디어로 볼거리 넘치게 꾸며 놓는다. 보행자 도로 전체를 물속처럼 꾸며 놓은 거리에서는 머리 위로 캔으로 만든 문어와 고래와 각종 물고기들을 매달아 놓았다. 플라스틱 호스를 사용해서 해조류를 표현하고 플라스틱과 비닐봉지로 고래들을 만들어 놓은 기발한 아이디어에 깜짝 놀랐다. 더구나 모두 재활용품을 사용해 아이디어를 표현했다는 것에 찬사를 금할 수 없다. 저녁 8시경에 친구들과 만나 작은 골목과 광장의 공연장을 찾아다니며 거리 장식을 구경하다 보니 어느덧 자정이 넘었다. 전문 댄서들의 탱고 공연, 동네 사람들이 모두 나와 즐기는 스윙댄스, 로컬 밴드들의 룸바 공연 등을 지나쳐 젊은이들이 모두 모이는 솔 광장에 모였다. 이미 사람이 가득 차 있었고 미리 시작된 공연의 음악 소리에 옆 사람의 목소리도 들리지 않는다. 자정이 지나 새벽으로 갈수록 열기는 더해졌고 유명 클럽 못지않게 광장의 열기는 뜨거워진다. 다 함께 춤추고 마시고 목청껏 소리 지르며 여름밤이 지나간다.

9월 마지막 주, 바르셀로나의 전통 축제 메르세(La Mercè)가 여름의 끝을 장식한다. 축제 일주일 전부터 시내의 모든 광장에는 대형 무대와 음향 시설이 설치된다. 축제가 가까워지면 시청에서 발급하는 축제 행사 프로그램이 도시 전체의 상점들을 뒤덮는다. 모든 공연과 레이저 쇼, 콘서트 등이 무료이기 때문에 꼭 보고 싶은 공연은 미리 점찍어 둔다. 처음 메르세 축제를 즐기던 날 밤에 바르셀로나의 주요 광장인 카탈루냐 광장, 레이알 광장, 람블라스 거리와 왕의 광장, 현대 미술관 막바 앞을 친구들과 밤새도록 종횡무진 헤매고 다니며 음악을 들었다. 새로운 사람과도 금방 친구가 되었고 친구의 친구까지도 소개받으며 다양한 사람들을 만난 밤이었다.

행복한 밤을 보낸 다음 날 늦은 아침, 바르셀로나 시청 앞 광장으로 향했다. 이미 일찍부터 자리를 차지하고 있는 사람들. 카탈루냐의 전통 행사 중 하나인 '인간 탑 쌓기' 행사를 보기 위해 모여든 인파다. 바르셀로나의 각 동네와 지회별로 출전한 그룹들이 제일 높이 그리고 안전하게 끝까지 탑을 쌓아 인간 탑을 만든 후, 잘 내려오는 팀이 높은 점수를 받는 경기이다. 아슬아슬 올라갈수록 탑이 높아지더니 탑 제일 꼭대기에서 손을 번쩍 들어 피날레를 외치는 아이는 대여섯 살 남짓 되어 보인다. 재빠르게 내려오는 아이에게 박수와 환호를 보냈다.

마음에 드는 음악을 따라 공연장을 찾아가 춤을 추고 또 다른 장소로 이동해 새로운 사람들을 만난다. 이렇게 밤을 지새우다 보니 일주일도 후딱 지나갔다. 미술관과 박물관, 공연도 대부분 무료다. 일주일 동안 쓴 돈이라고는 음료와 밥값 정도가 전부이니 주머니 가벼운 여행객에게는 더욱 반가운 축제가 아닐 수 없다. '바르셀로나에 살면서 매년 메르세 축제를 즐길 수 있으면 얼마나 좋을까.' 매일 밤 생각했다. 여행자의 입장에서 희망한 일이 2년 뒤에 그대로 이루어질 줄은 당시에는 상상도 하지 못했다.

La Mercè
2013
MERCÈ
BARCELONA

집에서 즐기는
젊은이들의 홈 파티

카탈루냐 주의 봄은 칼솟타다(Calçotada) 축제와 함께 시
작된다. 파와 비슷하게 생긴 칼솟은 카탈루냐의 타라고나
(Tarragona) 지방의 전통 음식으로 2~4월까지 카탈루냐 전 지
역에서 맛볼 수 있다. 장작을 피운 숯불에 칼솟을 통으로 구워
새까맣게 탄 겉은 벗겨 내고 하얗고 부드럽게 익은 알맹이만 칼
솟 특제 소스인 로메스코(Romesco 토마토, 마늘, 빵, 아몬드, 피망
종류인 ñoras 등을 넣어 만든 소스)에 찍어 먹는다.
한 손으로는 칼솟의 머리 부분을 잡고 다른 손으로 탄 부분을 벗
겨 내어 하얗게 익은 알맹이만을 고개를 최대한 위로 들어 한입
에 먹어야 한다. 두 손은 재로 까맣게 되고 함께 먹는 사람의 입
벌리고 먹는 모습도 보여줘야 하기 때문에 쉽게 친분을 다지게
되니 주말 피에스타 음식으로 제격이다.
칼솟을 즐기기 좋은 장소는 동네 맛집이나 유명 레스토랑이 아
니라 테라스와 정원이 있는 친구들의 집이다. 빠르면 고등학교
졸업과 동시에 사회생활을 시작해 부모님으로부터 독립을 한
스페인 친구들은 파티도 자유롭게 연다. 방 한 칸만 빌리는 셰어
하우스가 많아 본인의 방 값만 매달 부담하면 되기 때문에 독립
할 때 집의 규모와 크기 등은 중요하지 않다. 마음이 맞는 친구
들과 집을 하나 빌려 화장실, 거실, 부엌 등의 공간을 셰어하기
때문에 주말에 파티를 열기도 훨씬 수월하다.

조르디의 칼솟 피에스타

정원과 수영장이 있는 넓은 집을 여러 명의 친구들과 셰어하는
조르디가 칼솟 피에스타를 열었다. 바르셀로나 시내에서 기차
를 타고 40분 정도 가면 사바델 마을이 나오는데 이곳은 바르

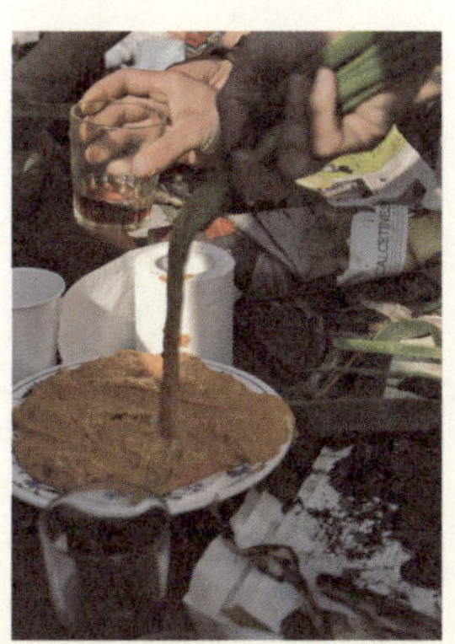

겨울이 끝나가고 봄이 시작
될 때 정원이나 넓은 테라스
에서 열리는 칼솟 파티.

셀로나 시내에 비해 집값이 훨씬 저렴해서 스페인 젊은이들이 많이 모여 산다.

친구들이 도착할 때마다 집을 구경시켜 주고 정원 한쪽에 키우는 허브들과 식물을 보여 주던 조르디가 방을 공개했다. 일회용 종이컵을 칠해서 연결해 만든 등, 천장과 벽까지 이어지는 식물로 실내를 장식했다. 일찍 자기만의 공간이 생겨서 그런지 스페인 친구들은 방과 집을 꾸미는데 있어서는 아티스트를 방불케 한다. 함께 쓰는 공간에 있어서는 남들에게 피해가 가지 않게 각자의 물건을 정리함은 물론이고 작은 생활용품도 스스로 번 돈으로 구입해야 하니 아껴 쓸 줄도 안다. 공동으로 부담해야 하는 전기세와 물세를 절약하는 방법쯤은 습관적으로 몸에 배어있다. 부모님 집에서 공짜로 살며 나이만 먹은 내가 셰어하우스에 처음 살게 되었을 때는 모든 것을 다시 배우는 기분이었다. 더치 페이는 극심한 개인주의의 병폐라 생각해 그동안 불편한 경우도 있었는데 어릴 때부터 스스로 독립, 모든 경제 활동을 책임지는 젊은이들 입장에서 보면 서로 부담 없이 만나 즐길 수 있는 적정선을 그어 주는 방법이라 생각하게 되었다. 당연한 것들인데 집을 떠나서야 비로소 배울 수 있는 것들이 많다.

조르디와 함께 사는 친구들을 소개받고 파티에 참석한 많은 사람들과 도스 베소스를 나누다 보니 어느덧 점심시간이 되었다. 도착한 사람들은 각기 준비해 온 먹거리들을 테이블 위에 꺼내 놓는다. 순식간에 테이블 가득 애피타이저로 먹을 수 있는 보케로네스(Boquenones 올리브유, 식초, 생마늘에 하루 절인 생선)와 올리브, 각종 엠부티도(Embutido 스페인식 소시지), 포테이토 칩과 와인, 맥주, 카바, 진 토닉 등이 쌓인다. 뒤집기 쉽게 철심에 나란히 끼운 칼솟을 장작불에 굽는다. 처음 보는 사람들과도 와인을 마시다 보면 국경을 넘나드는 재미난 이야기들을 얼마든지 풀어낸다. 수다를 떨면서 다같이 손을 움직여 새까맣게 탄 칼솟을

신문지로 잘 싸서 모두 구워질 때까지 온기를 머금을 수 있게 한 켠에 놓는다. 칼솟이 모두 구워지면 테이블 위에 꺼내 놓고 경쟁적으로 집어 맛본다. 하얗고 부드러워 보이는 달짝지근한 머리 부분을 로메스코 소스에 푹 찍어 먹다 보면 어느새 테이블 가득 까맣게 탄 칼솟 껍데기가 쌓인다.

자유로운 산장 파티

봄철 칼솟 피에스타 외에도 친구들 사이에서 가장 인기 있는 파티는 단연 라 플로레스타 마을에 사는 친구 집에서의 파티다. 세 명의 친구가 숲에 둘러싸인 집에서 함께 사는데 누군가의 환송회, 환영회, 생일 파티뿐 아니라 여름철 긴 휴가 끝에 친구들이 모일 수 있는 장을 열어 주며 파티가 끊이지 않는다. 이웃이 많지 않아 밤새 음악을 연주하고 시끄럽게 떠들어도 그 누구도 제지하지 않는다는 것이 가장 큰 장점이다.

처음 라 플로레스타 피에스타에 초대받았을 때는 한국과 너무 다른 광경에 적응하기 힘들었다. 각기 다른 외모와 자유로운 옷차림의 다양한 국적의 친구들, 모두가 멋들어지게 악기를 연주하고 춤을 추며 낮부터 시작해 새벽녘까지 지칠 줄 모르고 떠든다. 새벽녘에는 빈 방에 들어가 혼자 잠이 든 적도 있다.

그리스에서 온 친구 바소, 이태리에서 온 루치도와 스테파노, 아르헨티나에서 온 나탈리아와 멕시코 친구 바따따, 스웨덴에서 온 미나와 카탈루냐와 스페인 다양한 도시에서 모인 친구들까지. 바르셀로나가 국제적 도시임은 알았지만 너무나 쉽게 고향을 떠나와 결국 바르셀로나에 정착해 사는 젊은이들을 파티에서 만났다. 한국을 벗어나 스페인에 오기까지 수년의 시간과 수백 번의 용기가 필요했는데 이토록 자유롭게 국경을 넘나들며 삶의 터전을 바꾸는 사람들에게 거리감을 느끼면서도 부러웠다.

각자 사온 음료와 먹거리를 부엌에 풀어놓고 오랜만에 만난 친구들과 거실에 모여 안부를 주고받거나 테라스에서 음악에 맞춰 슬슬 리듬을 타는 사람들도 있다. 그동안 못 봤던 친구들을 모두 볼 수 있는 자리이기도 하고 마음껏 먹고 마시며 그간의 이야기들을 풀어놓을 수 있는 자리이자 새로운 사람들을 만날 수도 있는 피에스타다. 자연스럽게 새로운 사람들과도 이름과 인사를 주고받는 사이 분위기가 무르익자 바이올린과 아코디언, 기타 연주가 시작된다. 대부분이 악기 한두 개씩은 기본으로 다룰 수 있는 멋쟁이들이다. 연주할 악기가 마땅치 않을 때는 마치 플라멩코를 추듯이 리듬에 맞춰 머리 위로 손을 한쪽으로 살짝살짝 들어 가며 음악에 맞춰 신나게 춤을 춘다.

이 파티에서 처음 만난 그리스 처녀 바소는 19살에 그리스를 떠나 이탈리아에서 몇 년 살다가, 이곳 바르셀로나에 정착해 지금까지 8년 넘게 살고 있다고 했다. 첫 인사에서 한국에서 왔다는 이야기를 듣고는 집 어디인가를 뒤져 크고 무거워 보이는 세계지도를 굳이 찾아와 직접 펼쳐 보이며 서울을 찍어 달라고 했다. 지금은 기억이 나지 않지만 그리스 지도에 보이는 작은 섬을 가리키며 본인의 고향이라 이야기했다. 그리스에 대해 아는 게 많지 않아 대화를 이끌어 가기 위해 카잔차키스의 '그리스인 조르바' 이야기를 꺼내니 반가워하며 내 눈을 마주 보고 이야기에 귀를 기울인다. "무라카미 하루키의 유럽 여행 에세이를 보면 조르바계 그리스인에 대해 재미있고 사실적으로 묘사한 부분이 많아."라는 대답에 그 작가를 모르는데 정확한 작가의 이름과 책 제목을 적어 달라며 수첩과 펜을 찾아오는 적극적인 모습이 인상적이었다.

그 뒤로 이어진 인연을 통해 바소는 바르셀로나에서 재미있게 살아 갈 수 있는 소소한 팁들을 많이 알려 줬다. 공원에 가서 책만 읽고 누워 있을 것이 아니라 신발을 벗고 수십 번의 구르기도 할 수 있다는 것. 자전거가 고장 났을 때는 번쩍 뒤집어 세운 후 바퀴를 빼고 직접 수리해야 한다는 것, 친구들이 보낸 따뜻한 글귀는 수첩에 일기처럼 적어 놓는 법과 헤어지는 사람과는 따뜻하고 진한 포옹을 해야 한다는 것. 음악이 나올 때는 큰 소리로 따라 부르며 두 손을 머리 위로 올려 춤을 춰야 하고 다 먹고 남은 초콜릿 디저트 접시는 혀끝으로 마무리해야 한다는 것까지도 알려 줬다. 그리고 피에스타에 가면 낯가릴 필요 없이 자연스럽게 새로운 사람들과 인사를 나누고 이야기하는 법까지, 마치 우리가 그렇게 만났던 것처럼 바르셀로나에서 머물면서 남의 눈치 안 보고 내가 원하고 하고 싶은 일이 무엇인지에 대해 귀 기울이는 법을 하나씩 배우게 된다.

스페인에서 파티를 하면 악기는 빠지지 않는다. 각자 자신 있는 악기를 다루며 분위기는 더욱 무르익는다.

여행 TIP

타라고나 근교 마을 발스(Valls)에서는 매년 1월 대규모 칼솟 축제가 열린다. 마을 전체에서 장작을 펴고 칼솟을 굽고 바비큐 파티를 연다. 칼솟을 주로 먹는 2~3월에는 바르셀로나 시내 전통 까딸란 레스토랑에서도 칼솟 메뉴를 선보인다.

춤추는 인생,
춤추는 사람들

'타타타타타탁' 구두 굽이 마룻바닥을 절도 있게 걷어차는 발놀림에 맞춰 움직이는 우아하고 선이 고운 손, 프릴이 가득 달린 화려한 스커트와 어울리는 화려한 춤사위. 춤이라고 하면 떠오르는 이미지가 있지만 그것이 스페인의 플라멩코인지 러시아의 캉캉 춤인지 영화 속에서 본 탱고인지 딱 꼬집어 말하긴 힘들다. 머릿속 떠다니는 이미지들을 맞춰 보기 위해 최대한 빨리 플라멩코를 보고 싶었다.

바르셀로나 주에서 북쪽 갈리시아 주를 기점으로 파이스 바스크(País Vasco)의 빌바오(Bilbao)와 산세바스티안(San Sebastian) 지역 등을 여행하는 중에도 플라멩코를 들어 보지 못했다. 그런데 스페인 중부 마드리드에서부터는 바르와 거리에서 쉽게 플라멩코 리듬과 기타 선율, 또는 플라멩코 의상 전문 상점도 눈에 들어왔다. 그 모습은 남부 안달루시아를 향할수록 더 자주 접할 수 있다.

세비야(Sevilla)의 경우 한 집 건너 한 집이 플라멩코 관련 상점이 이어졌고 토요일 시내에서는 플라멩코 의상을 입은 어린이들도 눈에 띄고 술이 거나하게 취한 남자들이 모여 있는 로컬 바르 같은 곳에서는 플라멩코 리듬에 맞춰 두 손을 맞대고 박자를 맞추며 목청껏 노래를 부르는 사람들도 볼 수 있다. 스페인 여행객들이 꼭 보고 싶어 하는 플라멩코는 스페인을 대표하는 음악과 춤이다. 과거에는 오랜 시간 홀대 받기도 했지만 오늘날에는 가장 사랑받는 관광 아이콘이 되었다.

과거에 500년 정도 이슬람 지배를 받았던 스페인 남부 안달루시아(Andalucía)는 아랍 문명의 지배 아래 문화적, 역사적으로 많은 영향을 받아 아직까지도 스페인 다른 지역에서 볼 수 없는 이국적인 향취가 많이 남아 있다. 그중 그라나다 주의 집시 동굴 마을로도 잘 알려진 사크로몬테(Sacromonte) 지역에는 강한 해와 더위를 피하기 위해 집시들이 산을 파서 만들어 살았다는 동굴 집들이 지금도 남아 있다.

약 15세기에 스페인 남부 지역으로 유랑민인 로마 족이 들어 왔고 그들은 안달루시아 일대에 뿌리를 내리며 그 지역의 춤과 노

동굴에서 플라멩코 공연을 했던 집시의 전통 그대로 동굴 안에서 펼쳐지는 플라멩코 공연.

래를 자신들의 취향에 맞춰 부르게 되었는데 이것이 점차 발전하여 플라멩코의 기원이 되었다고 전해진다. 동굴 집에 집시들이 모여 살며 플라멩코가 전승되었고 그 때문에 오늘날에도 유명 플라멩코 쇼는 동굴에서 선보이기도 한다. 그러나 20세기 초까지만 해도 '집시 음악'으로 불리며 하층민의 음악으로 취급받았다고 하니 그들의 가슴에 맺힌 한을 어떻게 다 노랫말에 담아낼 수 있었을까. 평생을 떠돌아다니며 살았던 삶, 끝이 안 보이는 여정 속에서 혼이 담긴 춤과 노래로 가슴속 응어리들을 풀어야 했을 것이다. 그리고 마침내 안달루시아 지방에 흘러 들어가 삶의 뿌리를 내리며 기나긴 방황의 마침표를 찍었다.

고된 삶의 피로와 운명으로 받아들이는 삶의 어려움을 노랫말로 풀어냈기에 플라멩코는 주로 사회에 대한 비판과 해학, 비극

적인 사랑의 결말에 대해 노래한다. 그러나 여행객들에 의해 점차 명성을 얻고 거리에서 추던 춤이 무대에 오르면서 플라멩코 전문 공연장이 생기고 플라멩코 남자 댄서로 유명한 호아킨 코르테스, 20세기의 전설로 기억되는 카르멘 아마야 등을 배출해낸다. 1992년 바르셀로나 올림픽 개막식에서는 전 세계인이 지켜보는 가운데 플라멩코 유명 무희들의 공연이 펼쳐지기도 했다.

정열의 플라멩코

관광객을 위한 극장식 플라멩코 공연장인 타블라오는 스페인 전역에서 쉽게 찾을 수 있다. 그러나 스페인 여행 당시에 플라멩코의 발상지인 안달루시아에서 꼭 플라멩코를 보고 싶었고 이왕이면 플라멩코로 유명한 세비야에서 봐야겠다고 생각했다. 그렇게 까다롭게 고르는 사이 몇 번의 좋은 기회를 놓치고 말았다. 정작 플라멩코의 고장 세비야에 머물었을 때에는 한없이 게으름을 피웠기 때문이다. 도처에 널린 것이 극장인데 언제든 볼 수 있겠지 하다가 한번은 결국 늦게 도착해 입장할 수 없었고, 유명한 극장을 발견했을 때는 이미 표가 매진되었거나 밤에 타파스를 먹기 위해 맛집 투어를 하다 보니 플라멩코는 까맣게 잊어버리는 등 자꾸만 어긋났다.

결국 안달루시아에서의 마지막 날, 해안 도시 카디스(Cadíz) 주에서 숙소 아저씨가 추천한 마을 어귀의 작은 극장의 플라멩코 공연을 보게 되었다. 좁은 극장 안에는 나무 판으로 만든 소박한 무대가 있었고 그 앞에 테이블 6개와 의자가 놓여 있고 어두운 실내를 밝히는 단 하나의 조명만 높은 천장에 매달려 실내를 은은하게 밝히고 있었다. 관객은 중년의 나이로 보이는 세 쌍의 커플과 젊은 여자 두 명, 그리고 내가 전부였다. 플라멩코를 보기 위해 모인 사람들이 모두 현지인으로 보여 한시름 놓았다. 스페

인 사람도 찾아온 플라멩코 공연이라면 믿을 수 있을 것 같았다. 손을 뻗으면 닿을 듯한 무대에 기타 연주자와 남자 두 명, 그리고 플라멩코 춤을 선보일 남녀 댄서가 걸어 나왔다. 가느다랗고 긴 손가락으로 줄을 튕기듯이 기타를 연주하는 사이 남자 한 명이 두 손을 마주치며 박자를 맞추면서 노래를 시작했다. 저음으로 시작된 노래가 시간이 지날수록 격렬해지며 목소리 울림과 고음으로까지 연결되고 두 손으로 맞부딪혀 내는 박자도 점점 더 빨라져간다. 가사는 이해할 수 없었지만 노래하는 사람의 붉어진 얼굴과 얼굴에 맺힌 땀을 보는 것만으로 나 또한 감정이 격해지고 감동이 전해졌다. 흐느끼는 목소리가 고음을 향해 치닫다가 절정의 순간에 떨림과 함께 가슴을 후벼 파며 기타 선율에 맞춰 잦아든다. 기타 연주와 칸탄테의 조화에 취해 온몸에 소름이 돋을 때쯤 노래가 절정에 다다랐고 이때 마룻바닥을 거세게 치는 구두 굽 소리를 내며 두 손으로 박수를 치며 여자 댄서가 등장했다.

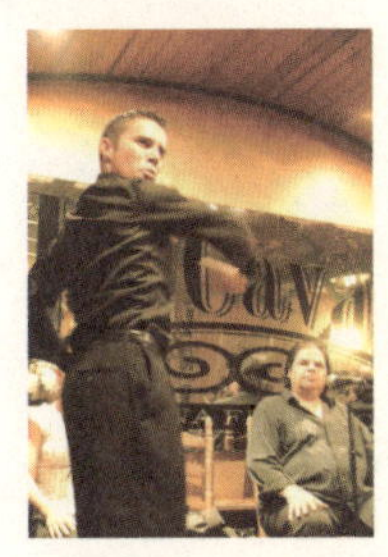

미소를 머금은 밝은 표정을 예상했지만 그녀의 얼굴에는 비장함이 날카롭게 서려 있다. 기타 연주와 노래 소리에 박자를 맞추는 손뼉에 발끝부터 손끝까지 온몸에 힘을 실은 절도 있는 동작은 애절함과 비통함을 온몸으로 표현했다. 두툼한 가죽 신발의 굽 끝에 박힌 징으로 무대를 힘차게 찍어낼 때마다 감당할 수 없는 가슴 속의 울분을 토해 내고 있었다. 애절하던 노래가 감미롭게 흘러갈 때에는 남자 댄서와 함께 관능적인 춤을 추며 무대를 이끌었고 작은 타블라오 안은 이미 열기로 가득했다. 분위기가 절정에 이르렀을 때쯤 앞자리 아저씨는 박자에 맞춰 연거푸 '올레'라는 추임새를 넣으며 열기를 더했다. 만족스러웠던 공연을 보고 나니 유료 공연이 아닌 일반인들이 추는 자연스러운 플라멩코도 보고 싶었다.

춤을 춰야 행복한 사람들

마을 사람들이 모두 화려한 플라멩코 의상을 입고 얼굴보다 더 크고 화려한 액세서리로 온몸을 휘감은 채 밤낮으로 길에서 춤을 춘다는 플라멩코 축제, 페리아 데 아브릴(Feria de abril)을 위해서는 4월에 축제의 본고장 세비야로 가야 하지만 버스로 10시간이 넘는 길을 당장 떠나기는 힘들었다. 또한 가더라도 여행객이 플라멩코를 보기는 쉽지 않다는 말에 바로 마음을 접고 대신 바르셀로나에서 페리아가 열리기만을 기다렸다.

1970년대쯤 스페인 남부의 많은 사람이 일거리를 찾아 경기가 좋은 카탈루냐 주로 이주해서 현재까지 카탈루냐 주에 거주하는 안달루시아 사람이 많다. 그들의 축제, 플라멩코를 이어가기 위해 매년 4월 말, 바르셀로나에서 카탈루냐의 페리아(Feria de Abril de Catalunya)가 열린다.

바르셀로나의 바다 끝, 포럼 지역에 준비된 60여 개의 천막에서 약 열흘 동안 밤낮으로 플라멩코 음악이 넘쳐흐른다. 안달루시아의 대표 음식은 물론 축제에 빠질 수 없는 빠에야와 통바비큐를 파는 간이 식당들이 문을 열고, 구경 나온 사람들을 위한 테마파크가 준비된다. 곳곳에 컬러풀한 도트 무늬의 플라스틱 링 귀걸이와 화려한 꽃 장식을 머리에 꽂고 멋들어진 플라멩코 복장을 차려 입은 세뇨라들이 우르르 몰려다니고 거리에서는 하루 종일 사람들이 둥글게 원을 그리며 흥겨운 음악에 맞춰 춤을 춘다. 플라멩코 공연을 위한 무희들도 아니고 전문 댄서도 아닌, 단지 즐기기 위해 축제 현장을 찾은 아줌마들이다.

대낮부터 음악이 끊이지 않는 이 공간도 마음에 들었지만, 더 마음에 든 것은 타인의 시선을 신경 쓰지 않고 자유롭게 춤추는 사람들이었다. 남들에게 보여 주는 춤이 아니라 스스로의 흥에 겨워 그 시간을 온전히 즐기는 사람들이 사랑스러웠다.

춤추는 이들을 보며 박수만 치고 있는데 사람들이 무대 위에

화려한 의상과 장식.으로 꾸미고
자유롭게 춤추며 축제를 즐기는
사람들.

올라오라고 연신 손짓을 한다. 몸치이지만 못 춘다고 빼는 것도
예의가 아니고 냉큼 올라가 사람들의 스텝을 따라 몸을 이리저
리 움직여보지만 발을 맞추는 것만도 버겁다. 아무렴 어떤가. 맥
주 한 잔에 기분까지 좋아져 내 마음대로 춤을 추며 오랜만에 목
젖까지 보이도록 깔깔 웃으며 즐거운 시간을 보냈다.

토요일과 일요일에는 바르셀로나의 멋쟁이들을 만날 수 있다.
바르셀로나 시내 한복판, 대성당 앞에 모여 나이 지긋한 할머니,
할아버지로 된 구성된 그룹들이 남자, 여자, 다시 남자, 여자 순
으로 손에 손을 잡고 음악에 맞춰 춤을 춘다. 원을 그리고 서서
사뿐사뿐 발을 옮기며 손을 위로 올렸다 내렸다 하며 간단한 스
텝을 반복하는 바르셀로나 정통 춤 '사르다나'. 막상 따라해 보
니 몸 따로 마음 따로 도통 스텝을 맞출 수 없었다. 많은 관광객
이 사진을 찍고 구경을 하고 흥이 난 관람객 몇몇은 춤을 추는
그룹 뒤에 바짝 붙어 서서 함께 동작을 따라 하기도 한다.

바라보는 것과 직접 해 보는 것의 차이는 경험해 본 사람만이 안
다. 처음에는 음악에 맞춰 몸을 움직이는 게 쉽지 않았는데 스페
인 생활을 할수록 음악만 나오면 천천히 박자에 맞춰 발끝을 움
직이다가 어느새 온몸과 손을 흔들며 남의 시선에 상관없이 마
음껏 춤을 추는 경지에 올랐다. 스페인에 사는 동안만큼은 아무
런 걱정 없이 언제나 춤추는 인생이고 싶다.

세비야에서는 음료만 구입하면
공연을 무료로 볼 수 있는 플라멩코 바르를 추천한다.

숨은 보석 찾기,
시장 탐험

매주 일요일 정오, 둥글게 모여 앉아 갓 구운 따뜻한 팬케이크에 꿀과 부드러운 바닐라 아이스크림을 한 스쿠프씩 올린다. 입안의 아이스크림이 채 녹기도 전에 거품 가득한 카푸치노를 홀짝거리며 벼룩시장에서 사 온 물건을 주섬주섬 테이블 위에 올려놓는 것. 호주 브리스번의 주디 집에서는 매주 의식처럼 행해지는 일요일 가족 행사 중 하나였다.

누가 얼마나 더 싼 가격으로 좋은 물건을 골라 왔는지가 주요 관심사였다. 둘러앉은 사람 순서대로 골라온 물건을 꺼낼 때마다 모두가 부러움 가득한 찬사를 연발하곤 했다. 좋은 물건을 놓친 것에 대한 안타까움과 물건을 골라낸 사람의 안목에 대한 놀라움 때문이다.

그날의 인기 품목은 60~70년대 멋쟁이 언니가 썼을 법한 유리 재질의 안경테와 나무로 만든 촛대, 시골 할아버지가 직접 짰을 법한 피크닉 전용 바구니, 깜찍한 닭 장식이 붙어 있는 나이프 정도였다. 그리 대단할 것도 없는 쇼핑이지만 모두가 만족하는 이유는 고작 3달러, 5달러, 아무리 비싸도 10달러 미만으로 마음에 드는 필요한 물건을 구입했기 때문이다. 누군가가 사용한 낡고 오래된 물건들 중에서 이야기를 담고 있을 법한 진짜 물건을 골라내는 재미가 있는 벼룩시장. 운이 좋다면 물건을 내놓은 주인으로부터 물건에 얽힌 재미난 뒷이야기까지 덤으로 들을 수 있다.

사용하지 않는 물건들을 마을 주차장이나 길가에 펼쳐 놓고 파는 벼룩시장은 호주 브리스번에서 접한 가장 신나는 경험 가운데 하나였다. 그 뒤로 낯선 도시로 여행을 가면 반드시 중고 시장이나 그 동네의 재래시장을 찾아다니게 되었다.

보케리아 시장은 없는 거 빼고는
다 있는 재래시장이다. 스페인의
식재료를 보고 싶다면 꼭 방문
해 보자.

바르셀로나 시내 중심에 위치한 보케리아 시장은 현지인에게
는 신선한 식재료를 구하기 위해 들르는 곳이고 관광객에게는
빼놓을 수 없는 관광지가 되는 유럽 제일의 재래시장이다. 소고
기, 닭과 달걀, 생선, 해산물, 과일, 야채, 향신료, 초콜릿 전문점
등 수많은 점포가 있다. 상점들이 밀집해 있는 좁은 골목에는 물
건을 사는 사람들 보다 관광객이 더 많다. 매일 보케리아 시장으
로 장을 보러 다니는 나는 물건들로 가득 찬 바구니를 들고 인파
를 뚫고 우왕좌왕할 때도 많다. 대형 마트만 선호하고 인터넷 클
릭만으로 물건을 구입하던 내가 이렇게 재래시장에 완벽하게
적응할 줄은 몇 년 전에는 상상도 하지 못했다.

바르셀로나에서 처음 임대한 집은 보케리아 시장 후문 바로 옆
에 위치한 집이었다. 계단만 내려가면 시장이니 집을 오고갈 때
시장에 들르는 게 일과가 되었다. '오늘 점심에는 싱싱한 새우
를 사다가 마늘과 페레힐을 넣어 올리브유에 구워 먹을까?'하
는 생각이 들면 바로 시장으로 달려가 새우를 사면서 상점 주인
에게 페레힐을 얻고 오는 길에 올리브와 곁들일 와인 한 병도 골
라서 산다. 신선한 식재료를 매일 바로 살 수 있으니 냉장고에
음식을 쟁여 놓을 필요가 없어졌다.

재래시장을 이용할 때 가장 신나는 일은 시끌벅적한 시장에서
주인들과 수다를 떨며 스페인 요리법을 배우는 것과 주인들이
골라 주는 가장 좋은 제철 식재료를 구입할 수 있다는 점이다.
더위가 시작되면 안달루시아 지방의 차가운 토마토 수프인 가
스파초를 즐겨 먹는다. 정오쯤 '점심에 먹을 갑오징어와 저녁에
먹을 가스파초 만들 재료를 사 와야지.'하는 생각으로 보케리아
시장으로 향했다.

단골 소고기 전문점 주인에게 인사를 하니 '날이 너무 더워 오
늘은 손님이 없어.'라고 대답한다. 시장에 사람들이 북적거리지

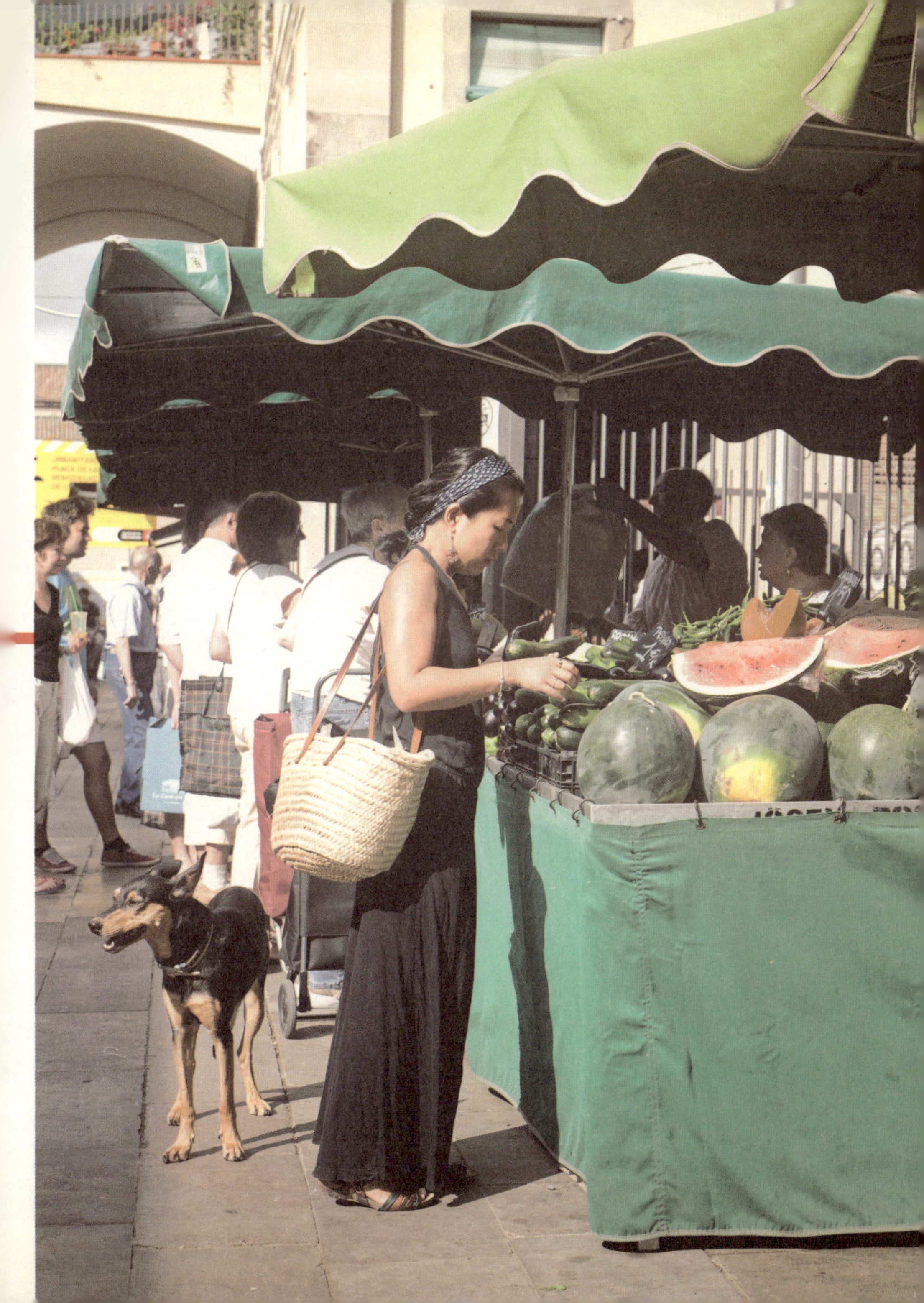

만 모두 카메라만 들이미는 관광객이지 소고기를 사러 나오는 현지인은 여름 휴가철이 되어 발길이 뚝 끊겼다는 푸념이다. 그래서 그런지 최근에는 관광객들에게 생과일주스를 팔거나 쉽게 맛볼 수 있는 테이크아웃 음식을 파는 것으로 업종 변경을 하는 점포들이 늘었다.

하몽과 푸엣, 매콤한 쪼리소 등 햄과 치즈를 파는 단골 엠부띠도(Embutido 스페인식 햄 종류를 모두 일컫는 말) 가게는 늘 줄을 서서 기다리며 물건을 사는데 오늘은 사람이 없다. '늘 먹는 하몽으로 200g만 주세요.'라고 말하자 내가 늘 사는 종류를 정확히 기억하는 주인이 알아서 하몽을 잘라 준다. 달달한 멜론과 같이 먹어도 어울리고 토마토와 올리브유를 두른 바게트 빵 위에 끼워 먹거나 심심한 맥주 안주로 언제라도 먹을 수 있는 하몽은 양껏 사 놓아도 눈 깜짝할 사이에 없어진다.

봉지를 챙겨 들고 인파를 뚫고 야채 가게로 향했다. 가스파초를 만들려면 토마토와 오이, 피망, 마늘, 양파 등이 조금씩 필요하다. 가스파초를 만든다는 말이 떨어지기가 무섭게 주인은 엄청난 수다를 떨면서 가장 잘 익은 토마토를 골라 주고 이어 오이와 피망을 봉지에 담는다. 동시에 오늘 들어온 체리를 맛보라고 손에 쥐어 준다. 수많은 질문을 쏟아 내며 내가 대답을 마칠 새도 없이 뒤에 선 아주머니와 대화를 시작한다.

12시 조금 못 미쳐 간단하게 요리할 재료들을 사러 내려간 시장에서 단지 몇 점포를 스쳐 왔을 뿐인데 시계를 보니 1시가 훌쩍 넘어 있었다. 천천히 재료를 다듬고 요리해서 2~3시쯤 시작하는 점심의 여유를 만끽하기 딱 적당한 시간이다.

1,29 €/k
0,79 €/k
1,64 €/k
FRESON
1,99 €/k
CASTAÑS
1,99 €/k
CAÑAS DE VIOLETA
CAÑAS ROSA
UTAS DE MAZAPAN
CAÑAS DE MENTA

벼룩시장에서 건지는 보석

마드리드의 반짝거리는 햇살에 눈을 뜬 일요일 늦은 아침, 벼룩시장이 열리는 메트로 5호선 라 라티나역으로 향했다. 지하철 역사를 나오니 상인들이 농담을 주고받으며 천막을 치고 물건을 가판대에 보기 좋게 배열하고 있다. 토요일 자정부터 일요일 늦은 새벽까지 흥청거렸을 거리는 어느새 말끔히 정리가 되어 스페인 최고의 마켓을 보기 위해 몰려든 사람들을 기다리고 있다. 스페인 사람들로 가득한, 조금은 허름해 보이는 바르에 들어가 이른 아침의 공복을 채우고 본격적으로 마켓을 둘러봤다. 가스콜로 광장에는 색색의 스카프가 바람에 휘날리고 재미난 일러스트가 그려진 티셔츠가 줄줄이 걸려 있다.

조금 더 걸어가니 낡은 음반과 포스터, 서적, 빈티지 가죽 가방, 직접 만들어 들고 나온 핸드메이드 액세서리를 파는 가판대도 보이기 시작해 재미를 더한다. 눈만 마주쳐도 '올라' 하며 인사하고 설명하기를 좋아하는 스페인 사람들답게 마켓의 모든 상인뿐만 아니라 물건을 사러 나온 사람들까지 모두 누군가를 붙잡고 활기차게 이야기를 나눈다. 물건을 사고파는 행위보다 사람들과 교제한다는 것에 더 신이 난 분위기다.

마음에 드는 그림이 있어 가만히 보고 있으니 "어디에서 왔어요? 멀리서 왔으니 싸게 줘야 할 텐데. 예쁜 아가씨니까 특별가로 줄테니 다른 사람들한텐 비밀이에요."라며 대답은 듣지도 않고 말을 쏟아 낸다. 모든 사람에게 친절하고 단골들에게는 윙크도 날리고 익숙한 솜씨로 대화를 풀어내며 설명하는 라스트로 마켓 상인들의 특별한 재주와 여유가 놀랍기만 하다.

아마조나 길로 접어드니 어제까지 집에서 사용하다가 들고 나온 듯한, 또는 거리에서 주웠을 법한 중고 생활용품이 거리를 가득 메우고 있다. 물론 새로운 주인을 만나면 새 생명을 얻게 될 물건들이다. 좋은 나무로 만들어졌으나 헝겊이 다 닳은 의자, 작고

상인들과 농담을 주고받으며 마음에 드는 물건을 찾는 재미가 가득한 벼룩시장.

동그란 거울이 달린 앤티크 화장대, 흑백 가족사진이 고스란히
담긴 액자와 줄 끊어진 바이올린까지, 옷장 속에서 어린 시절
의 추억을 끄집어내는 것 같았다.

가짜와 진짜, 싸지만 가치 있는 것들이 별 차이 없이 뒤엉켜 있
다. 이런 곳에서 매의 눈으로 진짜를 찾아내면 집에 돌아가는 발
걸음이 훨씬 가볍다. 공장에서 만든 물건보다는 가죽과 나무, 유
리로 만들어져 세월이 지나도 그 가치가 발하지 않는 것을 골라
야 하고 어디서나 볼 수 있는 흔한 디자인보다는 독특하고 세상
에 하나뿐인 물건을 골라야 한다. 새겨 붙인 그림보다는 직접 손
으로 그린 그림이, 오랜 세월을 버텨 왔으되 손상 하나 없이 깨
끗하게 잘 관리된 물건에 높은 값이 매겨진다.

모든 물건이 뒤엉켜져 있는 중고 마켓에서 제대로 된 물건을 고
르는 일은 어쩌면 엄청난 집중력을 요하는 일이자 굉장한 에너
지를 소비하는 일이다. 각 마을의 중고 시장에서는 생활 양식을
엿볼 수 있는 가구와 장식품, 식기류와 옷, 장신구까지 모두 아우
르며 장이 열리니 장에 나온 물건들을 통해 낯선 도시의 문화를
엿볼 수도 있다.

남동쪽 발렌시아 해안가를 따라 알리칸테 마을로 향하던 길에
우연히 작은 마켓을 발견했다. 이 마켓은 마을 사람들에게 만남
의 장 역할을 톡톡히 하는 곳이었다. 물건들 사이로 서로 안부를
주고받는데 가족들 안부를 모두 확인한 후에야 인사가 끝나는
것 같았다. 마켓 입구에는 농장에서 갓 따온 먹음직스러운 토마
토와 사과, 호박과 샐러드용 양상추가 쌓여 있었다. 좁은 길목에
빽빽하게 들어서 있는 옷장을 열면 그대로 간이 옷 가게가 되고,
책장 앞에 천막을 들어 올리면 그대로 간이 서점이 되는 이색 마
켓이었다.

마켓을 둘러보고 나오다 눈에 들어온 가죽 구두가 있어 슬쩍 가격을 물어봤다. 아주머니는 "2유로!"라며 손가락 두 개를 내보인다. 한번 신고 버려도 아깝지 않은 가격에 신어 보지도 않고 집어 들었다. 헌 물건들 틈에 꼭꼭 숨어 있는 보석 같은 물건을 찾아냈을 때의 즐거움 때문에 어느 도시를 가나 제일 먼저 시장으로 달려가는 것인지도 모르겠다.

바르셀로나에서 친구와 함께 라발(Raval) 지역의 현대 미술관을 향해 걸어 가는데 방금 지나온 골목 안으로 뛰어간 친구가 그럴듯해 보이는 의자를 들고 나온다. 한국에서는 돈 주고도 구하기 힘든 고급 나무로 만들어진 유러피언 앤티크 의자다. 동네마다 가구 버리는 요일이 정해져 있어서 안 쓰는 가구들을 거리에 내놓고 그 시간에 동네를 배회하다 보면 썩 괜찮은 물건을 주워 올 수 있다는 정보를 입수했다.

그 뒤로 나는 월요일마다 중요한 일과가 생겼다. 동네 산책도 하
고 새로운 상점도 구경한다는 핑계로 월요일 해질 무렵, 사람들
이 가구를 내놓는 시간에 슬슬 집 밖으로 나간다. 전등 갓, 거울,
화병, 스탠드 테이블, 책꽂이 등 처음에 기술이 부족 했을 때는
쓸 만한 물건들이 보이면 무조건 집으로 가져왔다. 도저히 혼자
들 수 없는 마음에 드는 큰 가구라도 발견하면 그 자리에서 전화
를 걸어 친구에게 도움을 요청하기도 했고 동시에 발견한 물건
을 서로 가져가기 위해 누군가와 거리에서 신경전을 벌이기도
했다. 괜찮아 보이는 의자를 주울까 말까 망설이다 지나쳐 고민
하며 골목을 한 바퀴 돌았을 뿐인데 다시 돌아가니 그 사이 흔적
도 없이 사라지기도 했다.
흔한 이케아 가구보다 누군가의 손때가 묻은 채로 버려진 가구
들이 더 운치 있게 다가왔다. 초반에는 더 이상 둘 곳이 없어 다시

버린 물건도 있지만 즐거웠다. 그러다 보니 점점 스킬이 늘어 이
왕이면 디자인과 재질까지 살핀다. 심지어 진짜 앤티크인지 가
짜인지도 파악하며 주워 온다. 조금 망가진 가구는 직접 수선을
하거나 페인트칠은 기본으로 하는 경지에 이르게 되었다. 소비
와 지출만이 새로운 물건 획득의 유일한 통로로 알고 있었는데
바르셀로나 친구들을 보니 전에는 불필요한 것들을 너무 많이
지니고 살았다는 생각이 들었다.

늘 화병에 꽃을 꽂고 친구를 초대해 직접 구운 케이크를 내는 아
네스카의 집에서는 주말마다 친구들이 모여 안 입는 옷과 장신
구들을 교환하는 티파티가 열린다. 교환이라고 할 필요도 없이
내 장롱에 묵혀 있거나 당장 사용하지 않는 것들이라면 무엇이
든 거실 바닥에 펼쳐놓고 필요한 누군가에게 내어 주는 우리들
만의 마켓이다. 본인이 내놓은 물건에 깃든 이야기를 하며 서로
에게 어울리고 필요할 것 같은 물건을 권하고, 안 쓰는 작은 물
건 하나 함부로 버리지 않는다. 아네스카 집에서 나오는 두 손에
는 친구들이 입던 바지 두 벌이 들려 있었는데 몇 시간을 쇼핑하
고 구입한 것 보다 더 마음에 들었다. 유행을 따라하지 않아도
전혀 문제없는 바르셀로나 생활. 오늘도 내 옷장 안이 점점 더
실속 있게 비워짐을 느낀다.

보케리아 시장을 찾은 여행객들은 무엇을 사야 할지 몰라 보통
과일 주스를 맛보는 것에서 그치는데 올리브와 다양한 치즈,
푸엣, 초리소, 하몬, 다양한 해산물을 이용한 튀김, 샐러드 등 스
페인식 타파스도 꼭 맛보자. 한국 음식이 먹고 싶다면 보케리
아 시장의 한국 식품점 마지따(Massita)를 찾아보자.

Real Spanish Style

PART 3

리얼 스페인에
열광하다

햇살 좋은 날, 맛있는 타파스가 생각난다는 핑계를 대고 길을 나선다. 알록달록 세라믹 타
일로 화려하게 장식된 가우디의 건물을 도시 곳곳에서 볼 수 있는 매력적인 바르셀로나.
가우디가 아름다운 빛깔로 채색해 놓은 건물들 앞의 야외 테라스를 따라 시끌벅적 소란
스러운 분위기의 스페인 전통 바르들이 옹기종기 모여 있다. 술잔이 채워질수록 스페인의
멋에 빠져든다.

일상이 된 공간,
바르

그라나다 주(Granada)의 알함브라 궁전을 찾아가는 길에 안달루시아 지방의 작은 소도시들을 방문했다. 카디스(Cadíz) 주를 거쳐 도수 높은 스페인의 명주 세리주의 주산지로 유명한 헤레스 데 라 프론테라(Jerez de la Frontera)에 일요일 정오에 도착했다. 화려한 토요일 밤을 보낸 대부분의 도시처럼 일요일 오전 거리는 한산하다. 점심시간이 되어서야 부모님 집에 모여 가족이 함께 점심을 먹는 스페인 시골 마을의 전형적인 고요함과 차분함이 느껴졌다. 다음 여행지인 엘 보스크(El Bosque)행 버스를 타기까지 시간이 남아 간단하게 식사도 하고 목이라도 축일 겸 바르를 찾아 나섰다.

스페인 문화의 중추

좁고 새하얀 골목을 두세 번 꺾어 드디어 골목길 끝자락에 붙은 'BAR'라는 간판을 발견했다. 묵직한 문을 밀고 들어가니 눈에 띌 듯 말 듯한 소박한 외관과는 달리 넓은 실내에는 흥겨운 음악이 흐르고 일요일임에도 불구하고 제법 사람들로 북적였다. 더위를 막기 위해 작게 뚫린 창문으로 햇살이 많이 들어오지 않아 어두웠지만 희미한 가스등과 촛불 때문에 아늑함이 느껴진다. 갓 구운 초리소의 향내와 올리브유에 튀긴 파타타스 브라바스(Patatas Bravas 매운 토마토 소스를 곁들인 감자 요리)의 냄새가 느껴졌다.

도톰한 모짜렐라 치즈를 곁들인 토마토와 와인으로 가벼운 점심을 먹는 아가씨, 한 손에 맥주를 들고 편한 청바지 차림으로 슬롯머신을 즐기는 아저씨, 신문을 읽으며 여유롭게 커피를 홀짝이는 할아버지와 그 옆에서 아이스크림을 핥고 있는 손녀까지. 잘

하루에 몇 번이라도 들리는 공간.
바르에서 스페인의 식문화를 경험해 보자.

익은 포도로 빚은 아름다운 빛깔의 와인처럼 다양한 사람이 어우러져 조화를 이루고 있다. 바르 문을 밀고 들어서는 순간 느껴지는 호기심 어린 시선들은 단 몇 초도 나에게 머무르지 않고 자신들의 이야기로 돌아갔다. 한쪽에 자리를 잡고 마치 오래 전부터 머물렀던 것처럼 자연스럽게 분위기에 젖어 든다.

스페인 문화를 이해하기 위해서는 바르를 경험해야 한다는 말이 있을 정도로 바르는 스페인 사람들에게 일상적인 생활 공간이다. 눈을 뜨자마자 들러 커피를 마실 수 있고 오전 11시경에 갓 짠 오렌지주스와 보카디요(Bocadillo 빵 사이에 하몽, 치즈 등을 넣은 스페인식 샌드위치)로 아침 식사를 할 수도 있다. 간단한 점심은 언제라도 가능하며 커피와 맥주로 갈증을 풀 수도 있는 곳이다. 집 근처의 바르에서는 언제나 스스럼없이 가족의 안부를 묻거나 개인의 이야기를 풀어 놓을 수 있고 마을의 최신 뉴스를 공유하기 위해 심심할 때면 언제라도 들를 수 있다. 스페인 사람들에게 바르만큼 복합적이고 만능적이며 어떠한 문제라도 해결해 줄 수 있는 일상의 장소가 또 있을까 싶다.

이른 아침부터 신문 한 장 들고 나와 맥주를 마시며 신문을 읽는 할아버지, 테이블과 의자가 비어 있는 데도 바 주변에 서서 커피를 마시는 사람들, 바르에 들어선 모르는 사람들과도 스스럼없이 인사를 나누고 대화를 시작하는 사람들. 이런 모든 풍경이 처음에는 낯설었는데 스페인 생활이 익숙해지면서 지금은 능숙한 스페인어로 할아버지 웨이터들과 농담을 주고받는 것을 즐기게 되었다.

매력적인 핀초와 타파스

핀초(Pincho 바게트 위에 올린 한입 거리의 스페인 음식)의 종류
가 많은 바르에서는 먹고 싶은 것을 접시에 담아 음료와 함
께 먹은 후 남은 이쑤시개 개수로 계산한다. 핀초가 없다면 타
파스(Tapas)를 먹으면 된다. 타파스는 작은 접시에 나오는 작
은 음식을 말하는데 맥주의 알코올이 날아가지 않도록 술잔
에 덮어 놓은 접시 위에 작은 안주거리를 올려놓는 것에서 유
래했다. 한국인 입맛에 맞는 오징어 튀김 칼라마레스 프리토
(Calamares frito), 매콤한 고추 튀김 피미엔토 파드론(Pimiento
padron), 스페인식 오믈렛 토르티야를 먹다 보면 어느새 배가
불러 온다. 처음 마드리드에 도착한 날 저녁, 솔 광장 주변 어느
골목에서 하몬 뒷다리를 매달아 놓은 바르들이 밀집되어 있는
것을 보고 제대로 찾아왔다는 생각에 흡족했다. 스페인 고유의
전통 햄인 하몬을 맛있게 만들기 위해서는 돼지 뒷다리를 잘라
소금물에 절인 다음 2년간 실내에 걸어 놓고 숙성시킨다. 이때
적당한 온도와 습도, 염도가 잘 맞아야 맛있는 하몬을 만들 수
있다. 마드리드에서는 맥주를 시키면 기본 안주를 무료로 주는
데 대부분이 올리브와 하몬, 치즈, 포테이토칩 등이다. 남부 지
역으로 갈수록 인심은 후해져서 그라나다의 경우에는 맥주 한
잔에 다양한 타파스가 무료로 딸려 나왔다. 맥주를 더 시키면
한층 업그레이드된 타파스가 나온다.
마드리드 마요르 광장의 좁은 골목에는 오징어 튀김을 빵 사이
에 껴서 먹는 식당들이 모여 있고, 또 다른 쪽에는 다양한 스페
인 먹거리를 테이크아웃으로 판매하는 산 미구엘 시장이 위치
해 있다. 한 손에는 맥주잔을, 다른 손에는 핀초와 타파스 접시
를 든 사람들로 시장 내부는 열기가 가득했다. 길을 따라 가득
한 바르와 레스토랑, 올드 바르인 메손 등이 계속 되는데 주말
이면 발 디딜 틈이 없고 평균 20~30분 이상 기다려야 입장이

북부 지역의 핀초와 남부 지역의 타파스는 혼자
먹어도 부담 없는 스페인의 대표 음식으로 바르
셀로나에서도 쉽게 찾아볼 수 있다.

LONJA DE PESCADO
3ªST-6-2-01

가능하다.

칸타브리아 주(Cantabria)의 코미야스(Comillas)에서 우연히 맛본 싱싱한 해산물로 만든 타파스가 특히 기억에 남는다. 가우디 건물 대부분이 카탈루냐 주에 모여 있는데, 북쪽에서 유일하게 코미야스 마을에 가우디가 건축한 엘 카프리쵸 건물이 있다. 마을의 건축물을 둘러보고도 시간이 남아 마을 끝 항구를 향해 걷기 시작했다. 푸른 하늘과 바다의 경계가 모호해지는 항구 끝에 위치한 바르가 눈에 들어 왔다. 여행 중인 친구와 야외 테이블을 차지하고 앉아 메뉴판을 볼 필요도 없이 일요일 오후에 애피타이저 술로 즐기는 베르뭇(Vermut)을 주문했다. 올리브 하나를 꼬치에 끼운 채 레몬 한 조각 띄워 나오는 홈메이드 베르뭇이라니, 여행의 피곤함이 풀리고 노곤한 행복감이 몰려오는 순간이다. 이어서 화이트 와인 한 병을 주문해 놓고, 아무런 대화도 없이 각자의 와인 잔이 비워지면 외롭지 않게 서로의 잔을 채워 주면서 바다를 한없이 바라보았다. 그리고 식사를 위해 해산물이 들어간 타파스 위주로 접시를 골라 보았다. 감자와 함께 조리한 매콤한 맛의 문어 요리 풀포(Pulpo)와 올리브 유에 구운 새우 감바(Gamba), 바삭하게 튀긴 칼라마레스. 매

콤한 맛과 올리브유의 고소한 맛에 짭조름한 바다 내음이 더해져 환상적인 맛을 선사했다. 그날 오후의 테이블은 저녁 늦은 시간까지 이어졌고, 이후 칸타브리아 지역을 지나 파이스 바스크 지역을 여행하는 내내 매일 같이 맛있는 음식과 와인이 주는 포만감과 행복함에 휩싸여 지냈다.

여행 중에 집에서 먹는 엄마표 음식이 그리워질 때면 바르를 찾곤 했다. 그곳에는 허기를 달래 주는 홈메이드 음식과 편안한 분위기로 여행의 외로움을 달래주는 말동무들이 있다. 바르는 서민적인 삶의 향기와 스페인 특유의 활기를 무기 삼아 많은 이방인들을 매료시켜 왔을 것이다. 나 또한 시간이 지날수록 결코 헤어 나오지 못하는 바르의 매력에 흠뻑 빠졌다. 식후 디저트로 마시는 추피토(Chupito)가 서비스로 나오자 환호하는 나를 보고 설레설레 고개를 흔들며 '하여간 여자들이란…….'이란 농담을 던지던 할아버지 웨이터들, 셔터를 누르는 내게 모든 핀초를 종류별로 꺼내어 주며 어서 찍으라고 포즈 잡아 주던 웨이터들, 대단한 비밀이라도 알려주듯 여행 정보를 알려 주며 큰 소리로 생색내던 사람들까지, 바르에서는 허물없이 사람을 만나고 모두가 함께 어우러져 이야기를 나눌 수 있다. 문득 어디론가 떠나고 싶은 날에는 눈앞에 낡은 바르의 문이 아른거린다.

 여행 TIP

스페인 경기가 안 좋아지면서 한입 먹을거리인 핀초의 인기가 많아져서 최근에는 바르셀로나에도 많이 생기기 시작했다. 현지인들의 미팅 장소이자 주말 만남의 장소인 포블렉 섹 지역의 블라이 길에는 수십 개의 핀초 바들이 밀집해 있다. 메트로 3호선 포블렉 섹 역에 내리면 찾기 쉽다. 맥주 한 잔과 핀초 하나에 2유로면 맛볼 수 있고 로컬 젊은이들의 주말 밤 분위기를 느끼기에 제격인 곳이다.

투우사와 소의
화려한 대결

투우는 '스페인' 하면 떠오르는 것 중 하나다. 각종 책과 미디어를 통해 접한 투우는 스페인 사람 모두가 사랑하고 보호해야 하는 중요한 문화라고 생각했다. 그러나 현지에서 만난 스페인 사람들 중에는 투우를 한 번도 보지 않은 사람도 많았다. 관심이 없거나 회의적인 반응을 보이기도 했다. 동물 학대일 뿐이라고 고개를 설레설레 젓거나 골목에 소들을 풀어놓고 달려가는 팜플로나(Pamplona)의 소몰이 축제인 산 페르민(San Fermín)이면 몰라도 일부러 투우장을 찾지 않다고 딱 잘라 말한다.

내가 만난 사람들이 모두 30대 전·후반의 젊은이들이고 카탈루냐 주 출신이 많아서 그랬던 걸까? 카탈루냐 주에서는 투우의 잔인성 때문에 논란에 불이 붙고 반대 목소리가 높아질 대로 높아진 2012년부터 소를 투우장에서 죽이는 일련의 모든 행위를 법으로 금지시켰다.

1914년에 완공된, 바르셀로나에 남아 있는 가장 오래된 투우장 중의 하나인 모누멘탈 투우장은 이미 오래 전부터 콘서트 장으로 사용되어 왔다. 에스파냐 광장에 위치한 또 다른 투우장은 2008년부터 외관 골조만 남겨 놓고 내부를 싹 드러내 새롭게 설계, 현대적이고 모던한 쇼핑몰로 탈바꿈했다. 아레나라는 세련된 이름으로 재탄생한 쇼핑몰에서 웅장하고 화려했던 옛 투우장의 모습은 가늠해 볼 수 있으나 당시의 함성과 환호 소리는 더 이상 들을 수 없다.

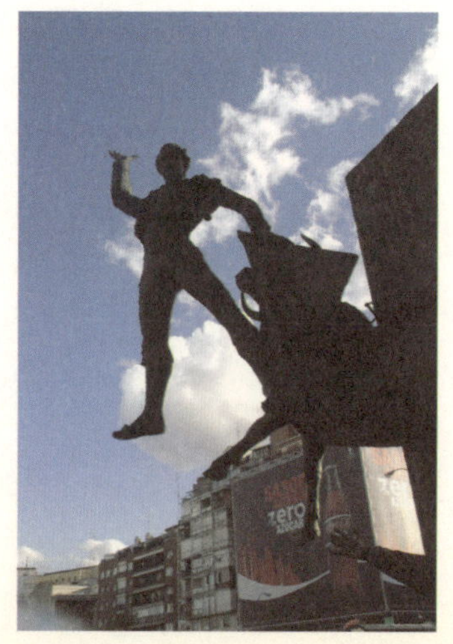

스페인에서 투우를 관람하고 싶
다면 마드리드의 벤타스 투우장
을 추천한다.

투우를 보고는 싶은데 기회가 쉽게 오지 않았다. 보통 3월 발렌시아 지방에서 열리는 불꽃 축제 라스 파야스를 시작으로 10월 초 사라고사(Zaragoza)의 피랄 축제까지 축제일의 매주 일요일에만 경기가 있기 때문이다. 투우를 보러 간다고 하자 소가 고통스럽게 죽어 가는 것을 지켜봐야 하고 피비린내를 맡을 만큼 역겹게 행해지는 문화일 뿐이라는 응답만 들려 온다. "그렇다면 투우장을 가득 메운 사람들은 대체 어느 나라 사람이야?" 하고 물었더니 대답인즉 나처럼 호기심에 모여든 관광객일 것이라고 한다.

3월 둘째 주 일요일, 시즌 첫 투우 경기를 보기 위해 마드리드 벤타스 투우장을 찾았다. 티켓 가격은 좌석에 따라 2유로부터 60유로까지 다양하다. 강한 햇빛이 비추는 자리는 더 싸고 그늘로 갈수록 가격이 올라간다.

좌석이 메워졌을 때 넓은 장내에 악대의 연주 음악이 울려 퍼지면서 투우사와 보조자들이 등장했다. 투우 경기의 주연 배우가 될 3명의 투우사 토레로스. 소의 등에 무작위 작대를 꽂을 9명의 반데리예로스의 입장과 말을 타고 창으로 소를 찌를 수 있는 6명의 피카도레스가 우아한 몸짓으로 관중의 환호성에 답례를 하고 본부석에 인사를 올린다. 투우사 소개가 끝나고 투우사와 맞설 소가 등장했다. 느릿느릿 순한 듯하면서도 무언가에 뿔난 것처럼 보인다. 나중에 들은 바로는 투우사와 맞설 소를 24시간 동안 빛이 완전히 차단된 암흑의 방에 가두었다가 경기 당일 강한 햇살이 내리쬐는 투우장 밖으로 끌어낸다고 한다. 소가 투우장 중앙에 등장했을 때 약이 바짝 올라 있을 만하다.

관중들의 환호와 함성에 이어 경기가 시작되고 분홍색으로 된 천인 카포테를 들고 나온 마타도르(투우사의 또 다른 이름)가 천천히 소 주변을 배회하며 약을 올린다. 카포테를 휘두르면서 소의 속력과 버릇, 성질을 파악함과 동시에 소를 흥분시키니 펄럭이는 헝겊의 조롱에 소가 미쳐 날뛰듯이 장내를 휘젓는다. 내 좌석에서는 마타도르와 소가 엄지손가락 크기로 작게 보였다. 투우의 관전 포인트와 경기 규칙을 모르고 보니 지루해지기 시작했다. 두 번째로 등장한 피카도레스들이 말을 타고 나와 소 주변을 배회하며 기회를 노리다 재빠르게 긴 창으로 소를 찔렀다. 투우사들이 소와 정면으로 대결할 줄 알았는데 비겁하게 먼저 창을 찔러 소의 힘을 빼 놓다니, 그제야 돌아가는 상황이 대충 파악된다. 뒤이어 세 명의 반데리예로스가 나와 소 등에 작살을 두 개씩 꽂았다. 그러니까 총 여섯 개의 작살이 소 등에 꽂힌 것이다. 물론 그들도 소를 향해 돌진해서 재빠르게 작살을 꽂고 줄행랑을 쳐야 하니 쉬운 일만은 아니겠지만, 이때부터는 가엾은 소의 편에서 응원하게 된다.

성공적으로 작살을 꽂자 관중들은 환호하며 박수로 격려하지만 소는 더욱 광폭해졌다. 마침내 화려한 옷의 마타도르가 빨간 천을 들고 나와 우아한 몸짓으로 교묘하게 몸을 돌리며 소를 유인한다. 겁에 질려 흥분한 소를 피하는 것이 아니라 당당하게 자리를 지키며 유연하게 몸을 조금씩만 움직여 우아한 동작을 뽐내는 투우사들. 흔들리는 빨간 천과 소의 붉은 핏빛, 투우사들에게 흥분하는 건 관중이다. 20여 분에 걸쳐 장내의 흥분이 최고조에 이를 무렵 투우사는 정면에서 돌진해 오는 소를 목에서 심장으로 검을 찔러 죽임으로써 경기가 끝났다. 이렇게 세 명의 투우사가 두 마리씩, 총 여섯 마리의 소를 죽인다. 처음엔 잔인하다고 생각했지만 죽음에 대해서도 이내 무감각해졌다.

아슬아슬, 유연한 투우사의
허리 돌림이 돋보인다.

좌석이 멀어서 밋밋했던 지난 투우를 떠올리며 발렌시아 축제 기간 중에 다시 투우장을 찾았다. 벤타스보다는 작은 규모지만 빽빽하게 들어 찬 사람들 사이로 열기가 가득했다. 투우장에 들어서 보니 마침 모든 사람들이 일어나 하얀 손수건을 흔든다. 손수건이 없는 사람들은 모자나 깔고 앉았던 방석, 심지어 종이를 흔들며 일제히 "올레(브라보)!"를 외치며 하얀 물결을 만들어 낸다. 투우사의 흡족한 경기에 관중들은 흰 손수건을 흔들며 투우사에게 죽은 소의 귀를 선물로 잘라 달라는 신호를 보내는 것이다.

좁은 틈을 뚫고 좌석을 찾는 것이 만만치 않아 우선은 서서 보기로 했다. 옆에 앉아 있던 할아버지는 내 티켓을 보더니 좌석이 멀리 있음을 알고는 빈자리를 내어 주신다. "내 친구 자리인데 잠깐 나가서 언제 올지 몰라. 괜찮으니까 여기 앉아서 봐요." 투우장과 가까운 좋은 자리라 마다할 이유가 없다. 냉큼 눈인사를 하고 자리에 앉았다.

투우의 하이라이트를 장식하는 주연 마타도르가 등장했다. 가까운 곳에서 보니 그가 얼마나 휘황찬란하고 몸매가 쫙 드러나는 의상을 입었는지가 눈에 들어온다. 타이트한 블라우스와 조끼, 금색과 은색 레이스로 장식된 바지, 보라색 스타킹에 발끝을 마무리한 검정색 신발까지, 단연 투우장에서 독보적인 주연이다. 붉은 천을 자유롭게 휘두르며 의기양양 소와 맞서는 움직임은 휘어지는 활처럼 강하고 유연했다. 넓은 공간에서 관중들의 격려를 한 몸에 받으며 홀로 소와 독대하는 투우사가 그토록 섹시해보일 수 없었다. 할아버지는 친절을 다하시려는 듯 투우 진행 과정에 대해 쉬지 않고 중계해 주신다. 스페인 어를 모른다고 해도 아랑곳하지 않고 본인은 영어를 못하니 괜찮다며 참을성 있게 반복 설명해 주신다. 언어 장벽쯤은 뛰어넘어 타인에게 스스럼없이 친구처럼 대하는 스페인 사람들. 그때 두 발을 땅에 붙인 투우사가 소 곁에 바짝 서서 붉은 천으로 소를 유인한 후 유연한 몸짓으로 아슬아슬 소를 따돌리는 모습에 나도 모르게 "올레!"하고 소리를 내질렀다. 할아버지는 경기에 몰입한 내가 대견했는지 엄지손가락을 세워 보이며 "무이 비엔(잘했어)!"을 반복하신다.

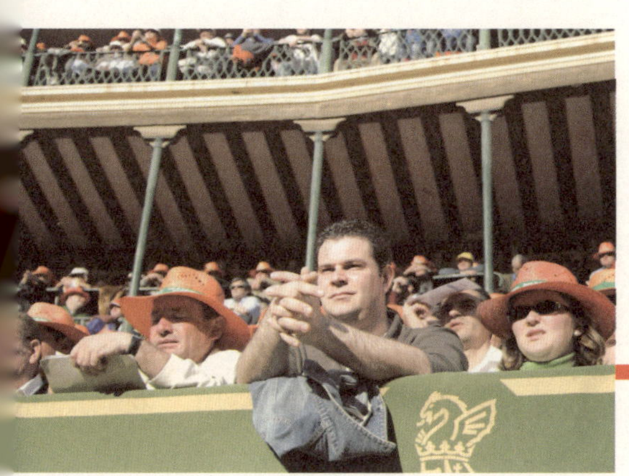

투우사가 급소를 노리고 여러 번 칼을 내리꽂았지만 소는 죽지 않았고 결국 칼이 튕겨져 나와 바닥으로 떨어졌다. 순간 환호하던 사람들은 가차 없이 야유를 보낸다. 뒤이어 경기가 채 끝나지도 않았는데 곳곳에서 사람들이 자리를 뜬다. 결정적인 순간을 놓친 투우사에 대한 질책과 비난이었다. 투우사의 체면과 위신은 땅에 떨어졌지만 소에게 있어서만은 연명할 수 있는 기막힌 운이라 속으로 조용히 쾌재를 불렀다. 죽이지 못한 소를 어떻게 투우장 밖으로 데리고 나갈까 궁금했는데, 한쪽 문이 열리면서 8마리의 하얀 암소가 유유히 투우장으로 입장했다. 암소가 큰 엉덩이를 실룩거리며 꼬리를 흔들자 황소는 암소의 꽁무니를 따라 조용히 투우장 밖으로 퇴장한다. 아하! 이성에게

끌리는 것은 소도 마찬가지였다. 암소를 이용해 황소를 끌어내는 재치에 박수를 보낼 수밖에 없었다.

경기가 진행될수록 투우를 관람하는 관중들에게 관심이 쏠렸다. 한참 앞줄에 앉은 가족 단위의 관람객들은 마치 피크닉이라도 나온 듯이 집에서 직접 구워 온 파이를 바구니 가득 담아와 경기 내내 돌려 먹는다. 때때로 와인 병이 통째로 오가기도 한다. 관중들의 평균 연령은 50대 이상으로 보였다. 투우보다 더 매력적인 놀거리가 많기 때문인지 젊은이들은 굳이 찾지 않는 듯했다.

그때 투우사 중 한 사람을 소가 들이받는 사고가 생겼다. 돌진하는 소에 정면으로 부딪쳐 튕겨 나갔는데, 워낙 순식간에 일어난 일이라 보고 있으면서도 어리둥절했다. 벌떡 일어나 소리 지르는 관중들과 재빠르게 들것으로 투우사를 실어 나르는 사람들이 보였다. 한바탕 소란이 일어났지만 이내 아무 일도 없었다는 듯 경기는 진행된다. 관중들도 언제 그런 일이 있었냐는 듯 다시 경기에 몰입한다. 그때 페드로 알모도바 감독의 영화 '그녀에게'의 한 장면이 떠올랐다. 여자 투우사가 투우 경기 중에 사고를 입고 식물인간으로 사랑하는 연인에게 남겨진 이야기다. 들것에 실려 나가던 투우사의 모습이 영화 장면과 겹치며 더 이상 투우 경기에 몰입되지 않았다. 해가 기울면서 투우장 바닥을 드리웠던 햇볕이 그림자 속으로 사라지고 조명이 켜질 때 마지막 한 경기를 남겨 놓고 경기장을 빠져나왔다. 투우장을 나오는 길, 이유도 모른 채 20여 분을 고통 속에 헤매는 수소의 거친 숨소리가 귓가에 울리는 듯했고 다친 투우사의 모습도 오버랩되었다. 소와 인간의 격전, 내 인생에서 딱 한 번뿐인 경험이면 족할 듯하다.

돈키호테의 고향,
라 만차

이유 없는 끌림이었다. 직장을 그만두고 떠나기로 결심했을 때 태양이 작열하는 스페인이 떠올랐다. 이태리와 프랑스 등 익숙한 유럽과는 달리 한 번도 밟지 않은 미지의 땅에서 헤매 보고 싶었다. 익숙한 것으로부터 단절되어 몇 달간은 시간을 잊은 채 하루하루를 맞이하고 싶었다. 4개월간의 배낭여행을 떠나야 겠다고 생각하자마자 비행기 표를 구한 후 최소한의 짐을 꾸려 스페인 마드리드로 떠났다.

세르반테스의 돈키호테

마드리드에서 지내는 동안《돈키호테》의 작가 세르반테스가 스페인 출신이고 마드리드 근교 라 만차(La mancha) 지방에서 이 소설을 완성했다는 것을 알게 되었다. 마드리드(Madrid) 마요르 광장 주변 기념품 숍에는 말을 탄 돈키호테의 청동 제품이 줄지어 전시되어 있었고 톨레도에서는 실물 크기로 제작해 놓은 소설 속 돈키호테 동상을 만날 수 있었다. 돈키호테를 입에 담기라도 할라치면 스페인 사람들은 호들갑을 떨며 끝없이 이야기를 풀어냈다. 영국인들이 셰익스피어에 대해 입이 닳도록 자랑하는 것과 같은 모습이다. 세계적으로 유명한 대문호가 스페인 출신이라는 것에 대해 넘치는 자부심으로 똘똘 뭉쳐 있다.
마드리드 그랑 비아 거리와 솔 광장을 지나 에스파냐 광장에서 발견한 돈키호테와 산초 동상은 관광객들의 포토 존이다. 동상 위에는 세르반테스가 근엄한 표정으로 광장을 내려다보고 있었다. 돈키호테의 발뒤꿈치를 보며 마드리드 다음 목적지로 라 만차 지방을 주저 없이 선택했다. 풍차가 아름답게 서 있을 라 만차 지방이 스페인 여행 출발지로 썩 괜찮다는 생각이 들었다.

하얀 풍차 뒤로 붉은 노을이 걸린
풍광은 여행객을 쉬어가게 만든다.

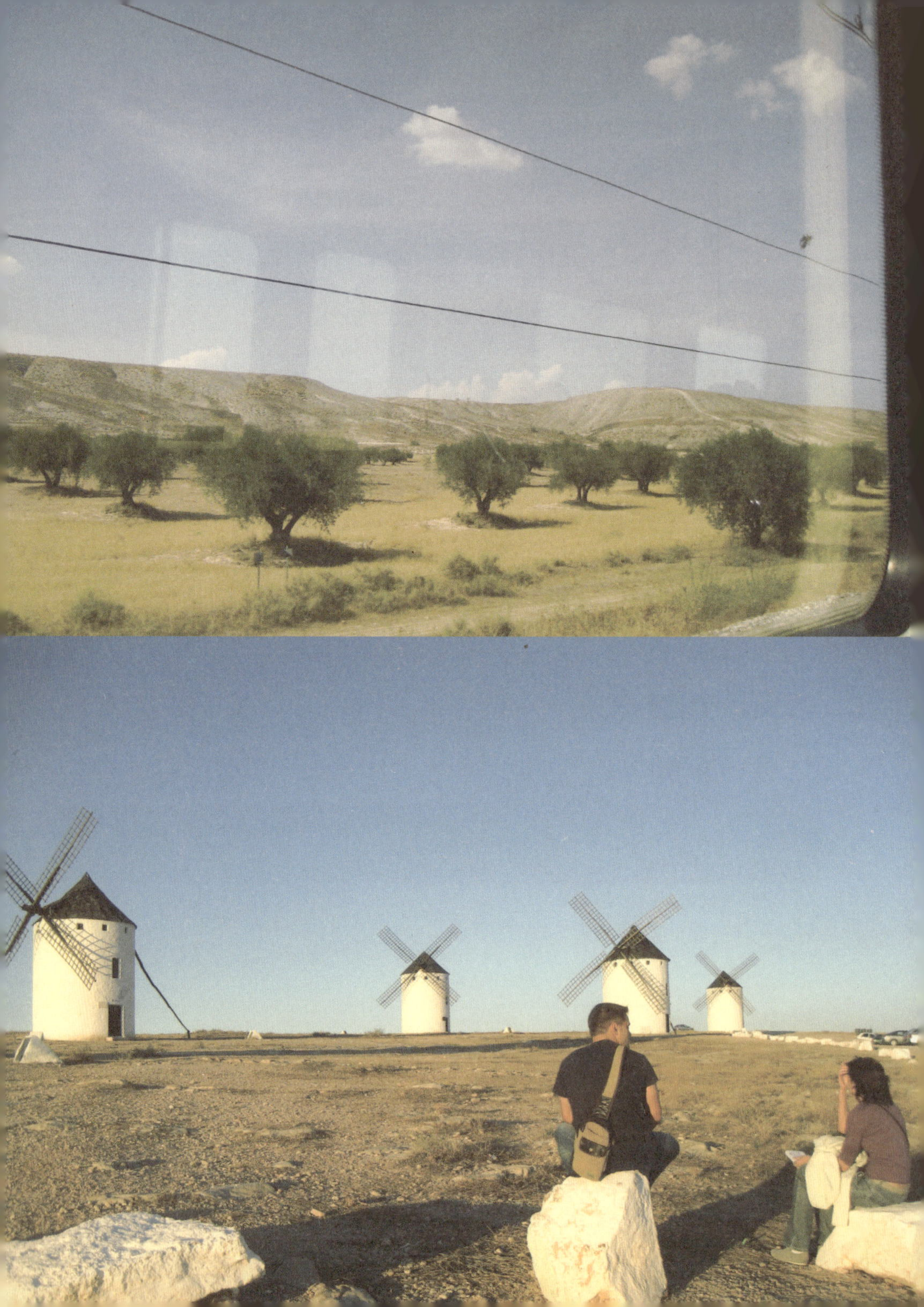

시간제한이 없는 여행은 이동을 자유롭게 해 주고 마음에 여유를 주어 결국 여행을 더욱 풍성하게 만들어 주었다.

라 만차 둘러보기

아또차 역에서 기차를 타고 한 시간 남짓 짧은 기차 여행을 했다. 세르반테스의 고향인 알칼라 데 에나레스(Alcalá de Henarez)로 향하는 길, 스치는 창밖 풍경은 마드리드와는 또 다른 느낌이었다. 9월의 나른한 햇살 아래 펼쳐진 올리브 나무와 드문드문 자리를 메우고 있는 그림 같은 집들. 그 아름다운 풍경에 잔잔한 감동이 느껴진다. 기차를 타고 창밖을 바라보는 일, 어디서나 즐길 수 있는 소소함인데 이 작은 일상을 찾아 참 먼 길을 왔다는 생각이 든다. 한국에서는 왜 이 작은 일상을 맛볼 여유조차 두지 않고 살았던 것일까.

한 시간의 기차 여행 끝에 도착한 알칼라는 대학 도시답게 젊은 이들의 풋풋함과 열기가 느껴졌고 세르반테스의 고향답게 문학의 향기가 골목마다 서려 있는 듯 했다. 빛바랜 붉은 벽돌을 돌아서면 책가방을 메고 힘차게 자전거 페달을 밟는 학생들과 마주쳤다. 낡은 스니커즈와 청바지를 입은 수수한 젊은이들, 안경을 쓰고 옆구리에 두꺼운 책을 끼고 걸어 가는 학구파 학생들도 있었다. 도시 전체가 가장 아름다운 청춘의 때를 보여 주는 듯했다. 언젠가 나와 같은 골목길을 걸으며 같은 집들을 스쳤을 세르반테스를 느끼고 싶어서 벽돌을 스치듯 어루만져 보았다. 뻔뻔했던 돈키호테가 떠오른다. 가죽과 뼈만 남은 자신의 말을 알렉산더 대왕의 애마보다 훌륭하다고 생각했고, 첫 번째 모험을 실패로 끝내고 돌아와서도 주저 없이 다음 모험을 떠난 돈키호테. 심지어 순진한 이웃집 농부 산초 판자까지 유혹하는 배짱을 보여 줬다. 나도 이번 여행길을 배짱 하나로 나섰는데 내 처지가 그와 별반 다를 바 없이 느껴진다. 발길 닿는 대로 종횡무

거대한 풍차가 돌아가는 모습을 하염없이 바라본다.

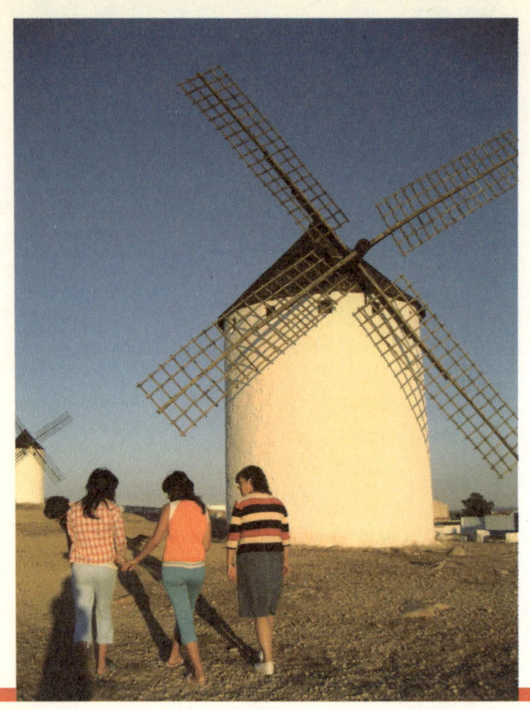

진 두려움 없이 스페인을 들쑤시며 진정한 쉼을 맛보고 싶다.
생각에 빠져 걷다가 돈키호테와 산초가 벤치에 앉아 쉬고 있는
동상과 그 동상이 있는 세르반테스의 생가를 지나칠 뻔했다. 이
층 벽돌집은 16세기의 부유층 저택을 고스란히 재현해 놓은 하
나의 거대한 박물관이었다. 부엌과 침실, 재봉실에는 가구와 소
품까지 완벽하게 재현해 놓았고, 세르반테스의 책상 위에 수북
이 쌓인 원고는 밤마다 고뇌하며 작업했을 그의 모습을 상상하
게 했다.
돈키호테처럼 애마는 없었지만 자동차를 타고 라만차 지역을
돌아보기로 했다. 라만차 지역을 향해 떠나던 차 안, 창밖으로
새파란 하늘과 구름도 지나가고 올리브 나무도 지나간다. 그
리고 황량한 벌판이 끝도 없이 이어진다. 붉은 대지와 잘빠진

능선을 바라보고 있자니 직장 생활을 했던 때가 아득하게 느껴졌고, 한국에 있을 때와 많은 것이 달라졌음을 느꼈다. 자연과 호흡하는 게 행복했고 빠르고 편리한 것보다는 불편하더라도 느긋하고 여유로운 게 좋았다. 언제부턴가 이곳에서는 시간도 새로운 의미로 재탄생되는 것처럼 느껴졌다.

돈키호테의 상상의 여인 둘시네아가 살았던 엘 토보소(El Toboso)를 지나 캄포 데 라 크립타나(Campo de la Criptana)로 향하는 길, 라 만차 지방에서 돈키호테 동상과 풍차를 수없이 만났다. 마을마다 돈키호테와 연관된 이야기 하나쯤은 품고 있는 듯 카페와 레스토랑, 기념품 숍의 이름까지도 수백 년에 걸쳐 돈키호테란 이름을 팔아먹고 있었다. 만약 소설이 없었다면 이곳 사람들은 무슨 꿈을 먹고 살았을까.

해가 깔딱거리며 넘어갈 즈음 눈앞에 줄지어 펼쳐진 풍차를 보며 느꼈던 두근거림과 신비로움은 평생 잊지 못할 것이다. 가까이 다가갈수록 그 규모에 압도당했다. 돈키호테처럼 풍차를 향해 돌진하는 대신 카메라 셔터를 눌렀지만 그 아름다움을 다 담을 수 없었다. 해가 넘어가 어둠이 밀려올 때까지 풍차를 배경으로 돈키호테와 함께 노을을 감상하며 소원을 속삭였다. 매일 매일 여행하는 기분으로, 하루하루를 설레는 마음으로 살 수 있기를 바라며.

라만차에서는 돈키호테의 흔적을 곳곳에서 느낄 수 있다.

여행 TIP

라만차에서는 캄포 데 크랍타나(Campo de craptana), 엘 토보소(El toboso), 콘수그에라(Consuegra) 등의 소도시를 구경할 수 있다. 각 도시 사이의 버스 운행은 많지 않기 때문에 편하게 이동하려면 자동차 렌트가 가장 좋다. 마드리드 자마르틴 역과 아토차역에서 캄포 데 크립타나까지 기차가 운행되며 2시간 정도 소요된다.
라만차 관광안내센터 www.turismocastillalamancha.es

가우디의 도시,
바르셀로나

바르셀로나는 크게 13~16세기를 아우르는 역사적인 건축물들이 모여 있는 구시가지와 17~19세기를 건축물들이 모여 있는 신시가지로 나뉜다. 신시가지에는 바르셀로나를 유명하게 만든 건축계의 지존, 안토니오 가우디의 건축물들이 모여 있다. 물론 구시가지를 걷다가 그가 디자인한 광장의 가로등이나 구엘 가족의 주거지였던 구엘 궁전을 무심코 스쳐 지나간다고 해도 놀랄 일이 아니다. 두 지역을 포함한 바르셀로나의 전체 풍경은 구엘 공원의 언덕 꼭대기나 몬주익 언덕 위의 미라마르 전망대에서 한눈에 바라볼 수 있다. 신시가지는 1859년 설계 당시부터 도시 전체를 구획별로 잘 정리한 덕에 거리가 바둑판 모양으로 매끈하게 정리되어 있어 길 이름과 번지수만 알고 있다면 못 찾을 곳이 없다.

바르셀로나 신시가지와 항구를 연결하는 메인 로드 람블라스를 따라 걷다 보면 카탈루냐 광장에 도착한다. 바르셀로나 공항에서 오가는 버스의 종착점이자 출발점인 곳이다. 광장에서 위쪽으로 올라갈수록 유동적인 부드러운 곡선의 창틀과 화려하게 휘어지고 장식된 창문들과 지붕 위의 타일 조각으로 되어 있는 건물들이 많이 눈에 띈다. 자연에서 모티브를 얻어 새로운 표현을 시도하고자 했던 19세기 까딸란 모더니스트 건축 양식을 훔쳐볼 수 있다. 신시가지의 메인 로드인 파세이그 데 그라시아 길을 따라 가다 보면 고급 상점들이 입점되어 있는 빌딩이 계속된다. 죠셉푸이그 이 카타팔츠 또는 도메네크 이 몬타네르 같이 유명 까딸란 건축가들의 작품들을 볼 수 있다. 가우디의 세계적인 명성에는 가려 있지만 카탈루냐인들이 존경하고 자랑스러워하는 건축가들이다.

천재 건축가, 가우디

파세이그 데 그라시아 거리에서 만날 수 있는 가우디의 유명 작품으로는 같은 길에 위치한 카사 바트요와 카사 밀라가 있다. 카사는 스페인어로 집이라는 뜻으로 바트요의 집과 밀라의 집을 말하며 바르셀로나의 주요 관광지다. 바닷물의 찰랑거림을 연상시키는 발코니와 다양한 색상의 타일로 뒤덮인 카사 바트요 앞은 언제나 관광객들이 점령하고 있다. 조금 더 걸어 가다 고개를 들어 보면 웅장한 아파트가 절벽 모양을 한 채 우뚝 솟아 있다. 바로 가우디가 건축한 카사 밀라인데 돌로 만든 외관 때문에 채석장이라는 뜻의 '라 페드레라'라고도 불리는 아파트 개념의 공동 주택이다. 건축은 자연의 일부여야 한다는 그의 신념을 보여주듯 자연과 흡사한 모습으로 아파트를 완성했다. 일반 사람들이 거주하는 아파트에 관광객들은 줄을 서서 올라간다. 2층부터 5층까지는 주거 공간이고 6층은 가우디 박물관, 그 위층은 옥외 정원이다. 6층으로 오르는 계단 창밖으로 컴퓨터를 두드리는 여자와 전화 통화를 하는 남자가 언뜻 보인다. 세계 문화유산으로 지정된 건물에 사는 사람들의 기분은 어떨까? 잠시 그들이 부럽기도 했지만 내 것이 아닌 것에 대한 쓸데없는 욕심은 접어 두기로 했다. 건물 전면은 물결 모양으로 파도치는 듯했고 계단, 난간, 램프와 천장 등 눈에 띄는 모든 곳에 곡선이 살아 있었다. 집 구조에 맞춰 옷장과 등받이 의자, 테이블 등도 모두 곡선이었다. 천재 건축가, 신비주의자, 전방위 예술가 등 가우디 앞에 어떠한 미사여구를 붙여도 과하지 않은 이유를 알 것 같았다. 옥상에 오르면 마치 조각공원에 소풍 나온 기분이다. 굴뚝과 환기구는 가우디의 손끝을 거쳐 또 다른 예술품으로 재탄생되어 기묘한 자태를 뽐낸다.

천재 건축가 가우디의 작품들을 보면
그의 예술성에 탄성을 내지르게 된다.

43
CASA BATLLÓ
ANTONI GAUDÍ

가우디는 건축가이자 조각가이고 예술가이기에 앞서 자신의 사상과 생각을 건축물에 표현하는 철학자였다. 그의 독창성과 대담성은 1878년 파리 만국박람회를 통해 세상에 알려졌고, 이를 계기로 그의 열광적 지지자가 된 에우세비오 구엘을 만나게 된다. 19세기 말, 바르셀로나는 전에 없던 건축 경기의 붐을 맞는다. 부자들은 멋을 위해 예술에 탐닉하며 창의적인 건축가들에게 어마어마한 돈을 투자한다. 그 흐름을 타고 대부호 구엘은 가우디에게 자신의 저택과 공원의 설계를 의뢰했고 그렇게 시작된 그들의 우정은 이후 40년 넘게 지속된다. 전폭적인 지원을 받은 덕에 가우디의 천재성은 날개를 달고 빛을 발할 수 있었다. 결국 부르주아가 재능 있는 예술가에게 후원을 아끼지 않은 덕에 후대에 영원히 남는 문화유산을 만들게 된 것이다.

우정의 결과물, 구엘 공원

스페인에서는 화려하고 긴 밤을 보내는 대신에 늦은 아침을 맞는다. 상점들도 오전 10시가 넘어야 서서히 문을 열 준비를 하고, 아침도 평균 오전 10시가 넘어서 먹는다. 늦은 아침 식사로 카페 콘 레체(Café con Leche 카페 라떼) 한 잔과 비키니(Bikini 샌드위치의 한 종류)를 먹은 후 언덕 위에 위치한 구엘 공원을 향해 올라갔다. 1900년부터 14년에 걸쳐 가우디가 지었으나 60여 채의 건물을 세우려던 계획에서 결국 건물 세 채만 세워진 채 실패로 끝난 공원이다. 구엘은 산기슭에 부지를 매입하고 고급 주택 단지를 구상했지만 결국 미완성으로 남고 그의 자손들은 이곳을 시에 기증하며 지금의 구엘 공원이 탄생했다. 이렇게 넓은 부지를 더 많은 사람이 공유할 수 있도록 사회에 환원했다는 사실은 꽤 감동적이다.

구엘 공원을 상징하는 도마뱀 조각상 뒤로 기념 촬영을 하려는 사람들의 줄이 끊이지 않는다. 여행이 길어지다 보니 어느 순간부터 기념 촬영에 대한 집착을 버렸기에 기념 촬영 대열을 지나 성큼성큼 계단을 올라갔다. 전면에 희귀한 모양의 도리스식 기둥 86개의 행렬이 도자기와 유리 파편으로 장식된 천장의 모자이크를 받쳐 주고 있다. 자연친화적인 건축 철학을 가진 가우디는 산을 깎는 대신 산의 원형을 최대한 살려 자연스럽게 길을 내는 쪽을 택했기에 공원 산책로의 흐름도 자연스럽게 연결된다. 계단 끝에 나온 탁 트인 넓은 광장은 모자이크로 덮인 벤치가 감싸 안고 있다. 세상에서 가장 길게 이어지는 벤치에 앉아 가장 편안한 휴식을 맛보았다.

구엘 공원의 뒷문을 향해 산책하는데 즐거운 연주가 들려온다. 걸음을 옮기니 기타를 치면서 캐스터네츠와 탬버린으로 흥겹게 연주하는 밴드가 보인다. 음악을 듣고 있던 사람들 중 젊은 커플이 앞으로 나오더니 흥겨움에 취해 음악에 맞춰 즉석 댄스를 선보인다. 팔짱을 끼고 뱅글뱅글 돌며 주변 시선은 아랑곳하지 않고 춤을 춘다. 바라보는 것만으로도 흥이 난다. 주변의 시선은 의식하지 않고 나도 뱅글뱅글 함께 돌아보고 싶은데 아직 그럴 만한 용기는 없는 걸까. 하지만 여행이 길어질수록 예전에 가졌던 부끄러움과 소극적인 자세, 남들의 시선에 연연하던 내 모습이 조금씩 변해가고 있음을 느낀다.

 **여행 TIP**

가우디가 건축한 건축물 중 사그라다 파밀리아 성당, 구엘 공원, 카사 밀라, 카사 바트요, 구엘 저택은 꼭 방문해 보자. 사그라다 파밀리아 성당과 구엘 공원은 미리 예매해야 기다리지 않는다. 일정이 넉넉하다면 바르셀로나 근교에 위치한 구엘 성당도 놓치지 말자.

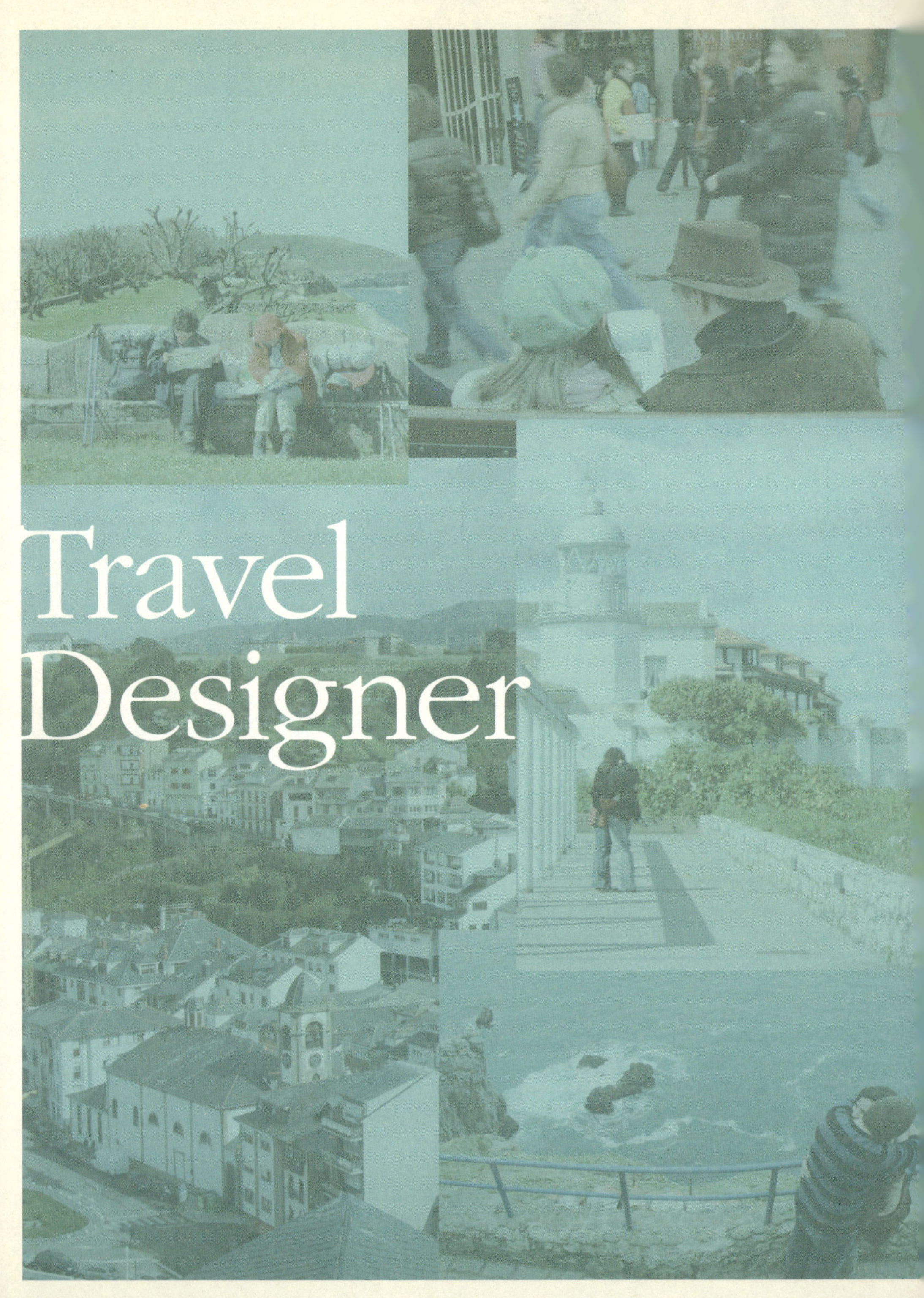

Travel Designer

매달 그리고 계절이 바뀔 때마다 스페인의 북부와 남부, 새로운 주와 도시를 여행하는 데도 여행의 끝과 종착점이 보이지 않는다. 가는 곳마다 각주의 구분과 개성이 또렷하여 마치 다른 나라를 여행하는 듯한 새로운 매력이 넘쳐 나는 스페인. 북부와 남부, 섬들의 비밀을 파해치는 데는 5년이란 시간도 부족하다.

순례자의 길,
산티아고까지의 여정

산티아고 데 콤포스텔라(Santiago de compostela)는 스페인 북부 갈리시아 주에 위치한 도시로 예루살렘과 로마에 이어 기독교의 세계 3대 성지 중 한 곳이다. 성 야고보의 무덤 위에 세워졌다는 유래나 그의 유해가 묻혀 있다는 전설 등 관련 이야기가 무궁무진하여 중세 시대부터 그의 흔적을 찾는 기독교인들의 방문이 끊이지 않았다. 12세기의 전성기에는 연간 약 50만 명의 순례자들이 이 길을 걸어갔다고 한다.

산티아고 데 콤포스텔라를 향해 걷는 길을 카미노 데 산티아고라고 일컬으며 루트는 출발지와 걷는 거리에 따라 다양하게 나누어진다. 잘 알려진 루트는 프랑스에서 출발해 피레네 산맥을 넘는 카미노 데 프란세스로 하루에 20~28km씩 775km를 걸어 약 한 달 안에 산티아고에 도착하는 여정이다. 도보만으로 목적지에 도착해야 하며 도시마다 순례자들을 위한 저렴한 숙박 시설과 바르 등에서 순례증에 확인 도장을 받을 수 있다. 여정 중에 전 세계에서 온 순례자들을 만날 수도 있다.

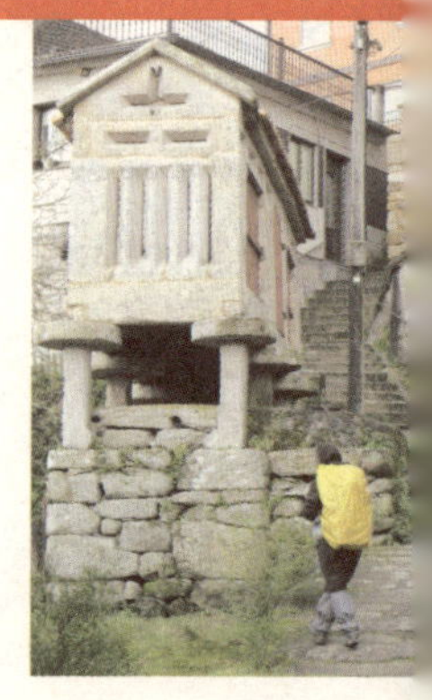

38세의 파울료 코엘로도 산티아고 길을 걸으며 인생의 전환점을 맞아 작가의 길을 선택했다. 밀리언셀러 ≪연금술사≫를 쓸 수 있는 영감을 주고 꿈의 근원에 대해 알려 준 산티아고 길을 다시 방문한 그의 다큐멘터리를 본 적이 있다. 유창한 스페인어로 스페인 사람들과 저녁을 즐기는 그가 늘어놓은 히피 시절을 거쳐 작가의 꿈을 갖기까지 지난날의 이야기를 듣고 감명 받았다. 언젠가 걸어 보고 싶다고 생각만 하고 있었는데 체코에서 교환학생 프로그램으로 바르셀로나에 온 보단과 베로니카 커플이 산티아고까지 캠핑 여행을 하자고 제안했다.

마침 세마나 산타 축제 기간이라 일주일간 휴일이었기에 흔쾌히 여행에 합류했다. 여행을 하는 데 중요한 것은 돈이 아니라 시간이라고 생각하기에 나는 시간만 되면 다른 문제들은 뒷전으로 미뤄 놓고 여행을 떠난다. 모든 조건이 충족되어도 시간이 없으면 절대 떠날 수 없다는 것을 알기 때문이다. 경비가 없으면 덜 먹거나 도미토리에서 자면 된다.

시간이 지날수록 여행을 통해 경험하고 받아들이는 것이 달라지니 기회만 되면 많은 곳을 돌아보고 싶었다. 이십대 초반의 여행에서는 거리에서 만나는 배낭여행객들의 문화를 가감 없이 받아들이고 소통하며 새로운 것을 배우는 데 적극적이었다. 육체적으로 피곤한 것쯤은 아무 문제가 아니었고 길을 잃고 실수를 해도 늘 즐거웠다. 그러나 나이가 들수록 좋은 곳에서 자고 맛있는 것을 먹고 편하게 쉬고 싶은 여행만을 선호하는 내 모습을 본다.

보단과 베로니카의 제안을 받아들이고 한 번도 경험하지 못한 리얼 캠핑을 준비하게 되었다. 출발 당일 차 안에 한 짐을 싣고 온 그들을 보고 경악을 금치 못했다. 대학생이기에 경비를 최소화해야 한다며 집에 있는 모든 것을 가져 온 것이다. 차의 짐칸이 넓어 차 안에서 잘 때를 대비해 매트리스와 침낭을 챙겨 왔고 아침으로 먹을 구운 토스트와 잼, 커피, 치즈, 파스타 면과 다양한 깡통 캔들 외 조리 기구, 각자의 옷과 트래킹용 신발, 텐트 등을 챙기다 보니 마치 이사 가는 사람들 못지않게 짐이 많다. 바르셀로나 시내에 거주하면 자동차의 필요성을 전혀 느끼지 못한다. 좁은 골목에 주차하는 것도 문제고 주차비도 만만치 않다. 무엇보다 대중교통이 잘 되어 있어 아무런 불편함이 없다. 장거리를 이동해야 한다면 오토바이를 선호한다. 또 도시 전체에 자전

국도를 택했기에 마음에 드는 곳에서
쉬어가며 스페인의 시골 풍경을 마음껏
감상할 수 있었다.

거 도로와 거주자를 위한 자전거 대여 시스템도 잘 되어 있어 이동은 대부분 자전거로 해결할 수 있다. 도시에는 일방통행이 많아 시내 골목으로 잘못 들어온 관광 차량은 길을 잃는다. 5분이면 갈 길을 30분이나 걸려 빙글빙글 돌아야 할 때도 있다.

이렇게 차량의 필요성을 못 느끼며 살다가 축제 기간에 여러 날을 쉬거나 한 달씩 온 동네가 문을 닫는 휴가철이 되면 차량이 절실해진다. 휴가 때는 렌트를 하기도 하는데 친구들이 선뜻 본인들의 차를 빌려 주기도 한다. 과시, 허세, 허욕보다 실용주의를 중시하는 친구들 중에서는 비용 절감을 위해 세 커플이 한 대의 차량을 공동 소유하고 주말이나 휴가 때 서로 돌려가며 쓰기도 한다. 차종이나 브랜드, 디자인, 크기도 따지지 않는다. 도시에서는 주차가 편한 소형차를 선호하고, 레저용으로는 모든 짐을 다 싣고 다닐 수 있는 봉고 차나 미니 트럭을 선호한다. 주말 여행용으로 차 안에서 잠을 잘 수도 있는 넓은 트렁크 달린 차량을 중고로 구입해 여름 한 달간 캠핑을 하거나 국경을 넘어 유럽의 다른 지역까지 여행하는 친구들도 종종 보았다.

캠핑을 떠나다

차 안에서 자는 캠핑에 대해 듣기만 하다가 직접 경험하려니 신나기도 하면서 불편할 것 같아 각오를 단단히 하고 출발했다. 바르셀로나를 출발해 아라곤 주(Aragon)를 지나 아스투리아스 주(Asturias) 해안 마을을 따라 갈리시아 주(Galicia)에 닿는 길을 만장일치로 택했다. 빨리 달려야 하는 고속도로보다 천천히 구경하고 쉬어 갈 수 있는 국도로 가자고 베로니카가 의견을 냈다. 이때만 해도 국도를 택했기에 눈에 하나 거슬릴 것 없는, 그토록 아름다운 풍경을 만날 수 있으리라고는 상상도 하지 못했다.

출발은 순조롭다. 아름다운 풍경을 보고 가다가 전망대에서

내려 준비해 온 샌드위치를 먹고 다시 달리다 보니 첫 번째 카
탈루냐의 도시 예이다(Llieda)에 도착했다. 때마침 마을 축제 중
이다. 중세 시대 마을의 모습과 마켓 모습을 재현해 놓았다. 멧
돼지가 나무에 매달려 돌아가고 대장장이가 쇠를 달궈 칼을 만
들고 있었고 여인들은 베틀에 앉아 실을 뽑아내고 있다. 활쏘기
를 체험하거나 말타기를 해 볼 수 있는 공간도 있었다.

점심을 먹고 도시를 떠나 또 한참 달리다 멋진 풍경을 볼 수 있
는 숲 옆에 차를 세웠다. 버려진 건물 한 채가 덩그러니 남아 있
고 숲으로 둘러싸인 곳에서 보단이 갑자기 나뭇가지를 줍기 시
작했다. 밤에 피울 모닥불을 위한 마른 가지들을 줍는 것이었
다. 처음 불을 피울 때 필요한 잔가지들을 더 주워야 하고 습기
없이 바짝 마른 것들만 주우라고 이리저리 참견을 늘어놓는다.
그날 밤 이 나뭇가지들이 얼마나 유용하게 쓰였는지 모른다.

인적 없는 바닷가 옆에 차를 세우고 바닷가에 텐트를 쳐 놓고,
모닥불을 지피고 간단한 조리 기구로 수프도 끓이고 파스타도
만드는 보단과 베로니카에 비해 나는 너무 어설펐다. 국내에서
도 캠핑을 다녀 봤지만 이런 서바이벌식 캠핑보다는 모든 게 다
갖춰진 장소로 편하게만 다녔던 내가 실로 프로페셔널한 그들
을 도와주려니 부족한 게 한두 가지가 아니었다. 바닷가에서 야
영하는 게 불법이라고 잔소리만 늘어놓을 뿐 내가 할 수 있는
게 거의 없었다. 보단은 중학교 때부터 방학이면 늘 친구들과
캠핑을 다녔고 스무 살에 인도에 가서 오토바이로 4개월간 배
낭여행을 한 친구다. 베로니카와 캄보디아에서도 2개월간 시
골 마을들만 돌아다닌 그들의 여행기를 듣고 있으면 실로 차원
이 다른 배낭여행자란 생각이 들었다. 그러던 그들과 여행 첫날
밤부터 모닥불을 켜 놓은 채 바닷가에서 캠핑을 하려니 몸은 고
단하지만 편리한 여행에서 맛보지 못한 즐거움과 짜릿함이 있
었다. 모닥불 앞에서 함께 노래를 부르고 체코의 전통 춤을 배우

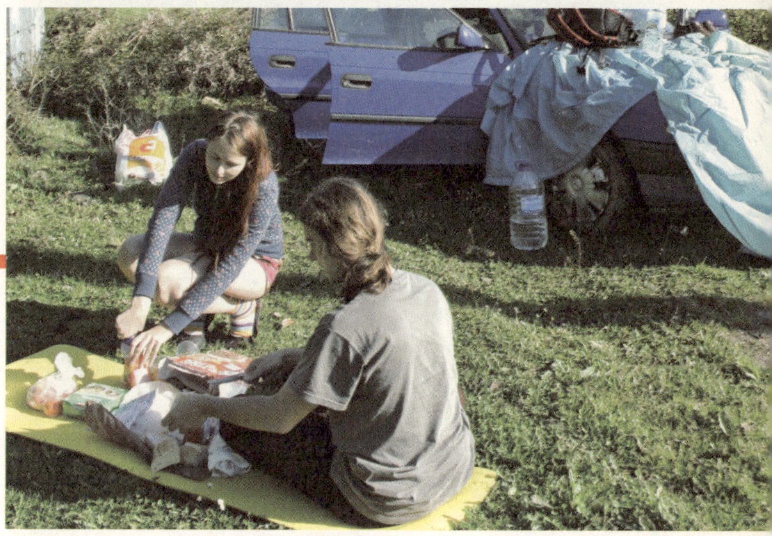

차를 타고 달리다가 쉬어 가고 싶을 때는
트래킹을 하며 전망도 감상한다.

며 밤을 보내다가 모닥불이 꺼질 때쯤에 텐트에 쓰러져 잠들었다.

일주일간 국도를 달리며 산속 마을과 작은 어촌 마을에 들렀다. 제대로 된 가이드북 하나 없었지만, 각 도시의 안내 센터에 물어보며 멈추고 싶을 때 멈추고 눈에 띄는 전망대가 있으면 풍경을 감상하고 숲 속 트래킹 코스에서는 간단한 산행도 하며 산티아고 데 콤포스텔라를 향해 나아갔다.

아스트리아 주의 작은 어촌 마을인 야네스(Llanes)와 루아르카(Luarca)의 풍경은 잊을 수가 없다. 야네스 마을의 중심부에는 낡은 배들이 정박해 있는 작은 항구와 파란 바다, 하얀 등대가 만나는 아름다운 방파제, 해안선이 돋보이는 작은 해수욕장이 있었다. 날씨만 좋으면 당장이라도 물속으로 들어가 수영을 하고 싶을 만큼 매력적인 바다이다.

하얀 집들이 많이 모여 있는 루아르카 마을에서 인상 깊었던 것은 납골당이었다. 항구와 도시 등 마을의 풍경을 모두 바라볼 수 있는 가장 아름다운 장소에 대서양을 바라보고 위치한 납골당은 하얀색의 묘비와 묘석, 예배당으로 꾸며져 있었다. 그 어느 곳에서 본 납골당보다 아름다웠다. 전망대와 면하고 있어서 여행객들의 방문도 줄을 잇는 것을 보니 그곳에 머무는 영혼들은 외롭지 않을 것 같았다.

마침 세마나 산타 기간 중이었기에 칸타브리아(Cantabria) 주에서 예수의 죽음과 부활, 재림에 맞춰 진행되는 가톨릭 행사 파소의 행렬을 볼 수 있었다. 온 도시가 참여하는 스페인 남부의 화려한 행렬과는 다르게 간소해 보였지만 마을 사람들이 모두 모여 십자가에 못 박힌 예수의 모습을 재현하는 행렬이 엄숙하게 다가왔다.

부활 주일인 세마나 산타 기간 중이라
예수의 부활과 재림의 모습을 재현하
고 있다.

늦은 밤까지 계속된 행렬을 본 후 저녁을 먹기 위해 레스토랑에
들어간 시간은 밤 11시. 테이블마다 시드라를 마시는 사람들
로 가득하다. 시드라는 아스투리아스 주의 전통술로 오직 사과
만을 발효시켜 만든 발포성 술이다. 5~6도 알코올에 탄산음료
처럼 톡 쏘는 맛과 시큼함 때문에 익숙하지 않은 사람은 손사래를
치게 만든다. 이미 3~4일 전부터 곳곳의 바르에서 판매하고 있는
것을 보았기 때문에 식사와 함께 주저없이 시드라를 주문했다.
시드라는 공기에 닿는 정도에 따라 맛과 향이 달라진다. 그래서
술잔에 따를 때 공기가 많이 섞이도록 높은 곳에서 얇은 시드라
용 잔의 모서리에 맞춰 떨어뜨려 공기에 닿는 면을 최대화한다.
따르는 술을 모서리 잔에 맞추니 반은 들어오고 반은 밖으로 튕
겨 나간다. 잔 길이보다 1cm 정도 낮게 술을 따라 주는 것은 한
번에 마셔야 맛있기 때문이다. 천천히 몇 모금으로 나눠 마시고
잠시 내려놓았더니 다른 잔을 채워 주러 온 웨이터가 남은 시드
라를 과감히 버린 후 다시 따라 준다.

산티아고 근처 마을의 알베르게의 모

일주일째 텐트에서 자고 차 안에서 자는 생활만 반복하니 제대로 씻지도 못하고 불편한 게 이만저만이 아니다. 산티아고에 도착하기 전에 호스텔에 가서 하루 푹 쉬자고 의견을 모았다. 우리가 찾아간 알베르게(잠자리와 취사를 해결할 수 있는 순례자 전용 숙소)는 아티스트인 주인아저씨가 평생에 걸쳐 카미노를 수차례 걷다가 아예 순례자들을 위해 개인 주택의 정원 한 켠에 오픈한 작은 숙소였다. 개인 작업실에서 작업하며 순례자들을 만나고 돕는 일을 꾸준히 하고 계신다고 말씀하셨다. 지금까지 순례하며 그렸던 마을, 만난 인연들과의 이야기를 고스란히 그림에 담아 간직하고 계셨다. 책 두세 권 분량은 족히 될 듯한 부피인데 각 페이지마다 재미있는 일러스트로 가득하다. 직접 내려주신 커피를 마시며 그림을 한 장 한 장 들여다보며 아저씨의 경험담에 빠져들었다.

이번에는 차로 산티아고까지 여행 중이지만 기회가 되면 꼭 한 번 이 길을 걸어 보라고 권유하신다. "길 위에 서면 걷고 싶은 만큼 걷고, 멈추고 싶을 때는 멈춰서 쉴 수 있어. 매일 아침 눈을 뜨면 기대로 가득 찬 환상적인 나날의 연속일 거야. 그게 바로 카미노가 일반 여행과 다른 점이지."

아저씨의 격려와 충고를 듣고 우리 셋은 별다른 대답 없이 미소 지으며 서로의 눈을 마주쳤다. 먼 훗날 언젠가 기회가 되면 오늘 이 시간을 추억하며 산티아고를 향해 함께 걸어 보자고. 든든한 눈빛만으로도 서로가 동의했음을 느낄 수 있었기에 대답은 필요치 않았다.

BOM
CAMINHO

내 멋대로
미술관 감상하기

바르셀로나의 활기와 예술적인 분위기를 좋아했던 파블로 피카소, 열정을 넘어 광기로 가득 찼던 괴짜 화가 살바도르 달리, 카탈루냐 주 사람들의 전폭적인 사랑을 받는 후안 미로 등 스페인을 대표하는 화가들의 흔적은 바르셀로나 곳곳에서 찾아볼 수 있다. 람블라스 거리를 걷다가 보케리아 시장 앞에서 후안 미로의 타일 바닥을 밟고 지나가거나 에스파냐 광장에서 후안 미로의 〈여자와 새〉 작품이 놓인 공원에서 쉬어 갈 수도 있다. 대성당을 구경하고 돌아서는 길, 정면에 위치한 건축 학교 빌딩 벽면을 장식한 피카소의 조각품 밑을 걸어갈 수도 있다. 그뿐만이 아니라 스페인에서 손꼽히는 유명 시인이자 아티스트인 후안 브로사의 조각품과 현대 미술의 거장인 안토니오 타피에스, 뉴욕 출신 팝 아티스트 로이 리히텐슈타인의 작품까지 쉽게 볼 수 있다. 도시 전체가 하나의 아틀리에를 방불케 하며 예술 작품들과 디자인 요소로 장식되어 있다는 것이 바르셀로나를 더욱 빛나게 하는 힘이 아닐까 싶다.

광기의 대명사, 살바도르 달리

바르셀로나 버스 터미널에서 살바도르 달리 미술관이 위치한 피게라스(Figueras)로 가는 티켓을 구입했다. 편도 2시간 30분의 여행이다. 버스가 도심을 벗어나자 달리의 고향을 찾는다는 설렘에 마음이 들뜬다. 테이블 위에 걸쳐져 녹아내리는 시계들. 갇혀 있던 기억들을 불러내기라도 하듯이 정지된 듯, 하지만 흘러가는 시간을 표현한 달리의 대표 작품인 〈기억의 잔상〉만이 친숙하다. '광인과 나의 유일한 차이점은 바로 내가 미치지 않았다는 점이다.'라고 당당하게 말하며 오만과 광기로 똘똘 뭉쳐

있던 살바도르 달리. 피카소 미술관을 못 보는 한이 있어도 피게라스의 달리 미술관은 보고 싶었고 프랑스 국경까지 이어지는 카탈루냐 주의 해안선인 코스타 브라바(Costa Brava)에 위치한 달리와 그의 부인 갈라가 함께 거주했던 카다케스(Cadaques)에도 머무르고 싶었다.

바람 한 점 없는 날, 파란 하늘 너머로 달리의 트레이드마크인 달걀 모양 미술관이 모습을 드러냈다. 외관을 보자마자 단번에 매료되었다. 삶과 예술을 분리할 수 없다고 말하던 달리다운 기발함이 돋보인다. 미술관이 아니라 놀이터라는 말이 더 어울린다. 그의 머릿속 아이디어를 가감 없이, 자유롭게 표현한 마법의 성 같다. 올록볼록한 빵 모양의 오브제가 일률적으로 붙어 있는 외벽과 달걀 모양의 조형물이 관람객들을 반긴다.

1974년 오픈한 미술관은 옛 마을 극장을 개조한 건물이다. 상층부터 1층을 향해 거꾸로 관람해야 한다는 점이 흥미롭다. 위층부터 거꾸로 배치된 600여 점의 작품들은 회화와 조소, 공예 등 장르를 넘나들며 예술의 모호한 경계선을 건드린다. 빨간 입술 모양의 소파가 있는 응접실은 평범한 거실처럼 보이지만 유리창을 통해 멀리서 보면 미국 여배우 메이 웨이스트의 얼굴이다. 가까이에서 보면 달리가 열렬히 사랑했던 아내 갈라의 누드인데 멀리 떨어져서 보면 링컨의 얼굴인 작품도 있다.

숨은 그림 찾기 하는 심정으로 작품을 감상하다 보면 달리의 엉뚱한 상상력에 감탄을 하게 된다. 미술관에서 서두르는 사람은 아무도 없었다. 관람객들은 천천히 달리와 소통했다. 작품을 통해서 동시대 인물이 아닌 한 번도 만난 적 없는 작가와 교감하며 그의 시선으로 세상을 바라볼 수 있다는 것은 얼마나 근사한 일인지 모른다.

이론으로 접한 미술은 어렵고 까다로웠지만 언제부턴가 스스로 마음에 드는 작품을 찾아다니다 보니 미술과 사랑에 빠졌다. 비평가의 날카로운 견해나 감상평은 뒤로 하고 내 마음대로 그림을 바라보고 해석하면 미술관도 재미 있는 장소가 된다.

스물두 살 때 런던의 테이트 모던에서 미술품을 통해 작가의 메시지에 귀를 기울이며 하루를 보냈다. 그때부터 미술관 놀이에 빠져든 것 같다. 그 자체로 작품 같은 공간과 공간을 빛나게 해 주는 강렬한 오브제는 황홀했고 어떤 것보다 강하게 나를 매료시켰다. 특히 어디까지가 작품인지 예술과 현실의 경계를 마구 넘나드는 현대 미술은 정해진 틀과 규칙이 없으니 내 마음대로 해석하며 작품 보는 눈을 기를 수 있었다. 내 마음을 움직이는 것, 그게 바로 예술이다.

이제 갤러리 투어는 내 여행에서 중요한 비중을 차지한다. 작품을 감상하는 것도 책을 읽거나 영화를 보는 것과 별반 다르지 않다는 것, 그리고 다른 세상과 나를 친밀한 관계로 이어 준다는 느낌은 소중했다. 램브란트나 라파엘로, 엘 그레코 등 명화의 속삭임이 때로는 잘 안 들릴지라도 나를 멈춰 세우고 머뭇거리게 하는 작품이 존재한다는 사실이 중요했다.

마드리드 프라도 미술관의 고야와 벨라스케스, 레이나 소피아 미술관의 게르니카에 모두가 열광해도 내 마음을 움직일 수 없다면 무슨 소용이 있을까. 실제로 난 프라도 미술관보다 티센 미술관에서 더 많은 시간을 보냈다. 또 마드리드에 있는 세계 유명 3대 미술관보다는 라 가이샤 은행에서 무료로 운영하는 가이샤 포룸 미술관이나 갓 문을 연 일러스트레이션 미술관에 만족하기도 했다.

작가의 작품들을 보는 것에서 그치지 않고 구입할 수도 있다는 것은 바르셀로나에 살면서 배웠다. 주말이면 거리 아티스트들의 마켓이 곳곳에 열리고 보르네 지구 골목골목의 개인 공방에서 직접 만든 제품들을 판매한다. 동네 곳곳의 카페테리아와 레스토랑에서는 로컬 아티스트들의 작품으로 벽을 장식한다. 복사본과 프린트가 아니라 손으로 직접 그린 작가의 작품을 어느 곳에서나 감상할 수 있고 손쉽게 구입할 수 있다는 것. 예술이 어렵고 멀리 있는 게 아니라 원하는 누구라도 소유할 수 있다는 것이 바르셀로나에 살면서 배운 가장 마음에 드는 점이다.

파리에 열 번 이상을 갔지만 허겁지겁 루브르 박물관을 둘러보는 것이 싫어서 다음 기회에 보려고 미루다 보니 아직 가보지 못했다. 언젠가 가게 될 때는 하루 종일 머물며 마음에 드는 작품들을 스케치북에 마음껏 그리며 감상하고 싶다. 뉴욕 맨해튼의 메트로폴리탄 미술관과 구겐하임 미술관, 모마 현대 미술 관도 느긋하게 관람하고 싶어서 일주일 간격으로 방문해 미술관에서 노는 심정으로 온종일 머물러 있었다. 작품을 감상하다가 카페에 앉아 차를 마시고, 다리가 아프면 책을 읽고 브로슈어를 꼼꼼히 읽어 보고, 작품을 바라보는 관람객을 관찰하기도 하고, 마음에 드는 작품은 다시 돌아와서 보기까지 했다. 마치 음식을 꼭꼭 씹어 먹는 심정으로 미술관을 온몸으로 즐겼다.

스페인 여행 중에도 미술관 때문에 여행 목적지를 바꿔 버스에서 뛰어내린 경우도 몇 번 있었다. 부르고스 주(Burgos)에서 산세바스티안으로 향하는 길에 '빅토리아(Victoria)의 모던 컨템퍼러리 아트 갤러리를 놓치지 말 것'이란 가이드북의 한 문장에 꽂혀 예정에도 없던 빅토리아에서 내릴 수밖에 없었다. 아르띠움 갤러리에서 1970~1980년대 대표적인 페미니즘 아티스트였던 한나 윌키전을 감명 깊게 즐길 수 있었다. 1980년대에 만들어진 그녀의 사진과 레코딩, 드로잉은 솔직했고 쇼킹

바르셀로나 카이샤포럼 미술관.

하며 도발적이고 불온해 보이기까지 했다. 잠깐만 들렀다 갈 예정이었는데 반나절을 그곳에서 보냈다. 작품을 감상하고 푸른 잔디가 펼쳐진 정원을 거닐고 다큐멘터리 룸에 홀로 오래도록 남아 있었다. 작가에 관한 호기심을 해결해 주는 영상 자료나 책 등을 보기 좋게 정리해 놓은 곳은 또 다른 관람의 시작이었다.

때로는 작품의 가치 외에도 미술관 자체의 조형미와 건축물에 더한 감동을 느낀 적도 있다. 세계적으로 유명한 스페인 건축가 산티아고 칼라트라바가 지은 발렌시아의 '예술과학단지'는 여행객에게 미술관 외에도 건축물을 감상하는 재미를 더해 주었다. 칼라트라바가 설계한 하얀 다리라는 뜻의 주비주리 다리는 빌바오에 위치해 있다고 하니 프랭크 게리의 구겐하임 미술관도 구경할 겸 빌바오(Bilbao)도 방문했다. 몰락하던 공업 도시가 잘 지은 미술관 덕에 예술 도시로 거듭나고 스페인 제일의 문화 예술 도시로 재탄생한 예이다. 꽃잎처럼 나풀거리는 티타늄 조각들로 이루어진 구겐하임의 외관이 햇빛에 반사되어 반짝거리며 골목 사이로 보였던 순간은 지금도 또렷이 기억한다. 바르셀로나에서도 즐거운 비명은 계속됐다. 현대 미술관 막바 앞 광장은 스케이트 보더들의 성지로 전 유럽에서 모여든 젊은 이들로 가득 차 있다. 깔끔하게 정리되어 숙연하고 고요해야 할 것 같은 미술관 주변은 스케이트 보드 바퀴 굴러가는 소리와 보더들의 자유분방한 활기로 늘 소란스럽다. 막바 미술관은 화이트 큐브로서의 역할만 하는 미술관에서 벗어나 젊음을 모이게 하고 유행을 퍼트려 핫 숍들을 탄생시키는 데 한몫하며 바르셀로나의 최신 트렌드를 이끌어 간다. 미술관에서는 실험적이고 파격적인 현대 미술품들로 이루어진 막바 컬렉션과 다양한 포

스페인 북부의 빌바오 구겐하임 미술관.

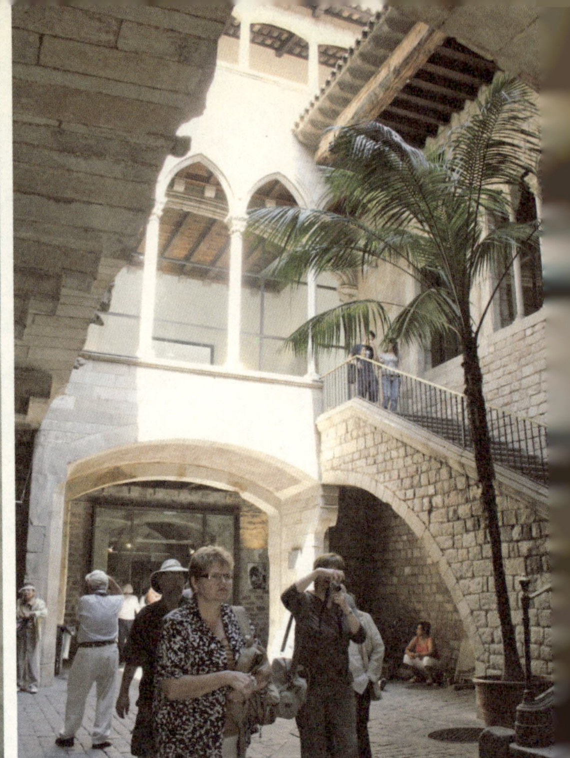

스트 모던 작품을 볼 수 있다.

햇빛 좋은 날에는 건물 가득 빛으로 채워져 화이트 톤의 건물과 전시장을 걷는 것 자체가 하나의 예술 행위처럼 느껴진다. 막바 미술관 뒤에는 뮤직, 필름, 댄스와 공연을 총망라하는 컨템포러리 아트 뮤지엄 세베도 바로 붙어 있다. 이곳은 내가 가장 좋아하는 공간이기도 한데 8월 초 미술관 앞 테라스에 선베드를 펼쳐 놓고 늦게까지 맥주를 마시며 영화를 볼 수 있는 축제와 12월의 핸드메이드 예술품 마켓 또는 음악 페스티벌 등이 벌어진다. 물론 종종 한적한 시간에 미술관의 넓은 야외 테라스 카페에서 커피를 즐기기도 한다.

몬주익 언덕의 후안 미로 미술관은 이른 아침부터 단체 관람을 온 학생들로 가득했다. 조용한 작품 관람은 힘들겠다고 짐작했는데 어린 학생들의 관람 태도는 놀라웠다. 한 작품 앞에 멈춰 설명을 듣고 질의응답 시간을 갖더니 모두 그 앞에 앉아서 그림을 그리기 시작했다. 미술관에서 진행되는 일일 수업이었다. 팸플릿을 받아오기 위해 마지못해 미술관과 박물관을 찾았던 나의 학창 시절이 떠올라 부끄러웠다.

내부와 옥외가 이어지는 후안 미로 미술관에서 점과 선, 여백과 색으로만 채워진 미로의 그림에 빠져 한껏 여유로움을 누릴 수 있었다.

반면 피카소 미술관은 관람객들로 인산인해를 이뤘다. 티켓을 사기 위해서도 줄을 서야 했고 입장 후 작품 관람도 줄지어 할 수밖에 없었다. 아담한 규모의 미술관에 피카소의 습작과 유명 작품이 재미있게 구성되어 있었지만, 천천히 둘러볼 여유를 허락하지 않았다. 미술관에는 작품 수보다 관람객 수가 더 많았으니까.

그 북적이는 틈새에서 미래의 피카소를 꿈꾸는 한 소년을 만났다. 벨라스케스의 걸작을 피카소의 화풍으로 재해석해 그려놓은 〈라스 메니나스〉 앞, 열 살 남짓해 보이는 소년이 손에 익은 재빠른 동작으로 스케치를 하고 있었다. 미술관을 한 바퀴 돌아나오는 데도 같은 자리에서 그림 그리기에 푹 빠져 있는 소년의 모습이 인상적이었다. 관람객이 많지 않은 날 언젠가 다시 찾아올 수 있기를, 그때에는 오랜 시간 머무르기를 바라며 미술관을 빠져나왔다.

 여행 TIP

바르셀로나에서 추천하는 미술관으로는 현대 미술 관 막바, 세세세베(매주 일요일 오후 무료), 후안 미로 미술관, 가이샤 포룸 등이 있다. 시간이 넉넉하다면 바르셀로나에서 2시간 거리의 피게라스 달리 미술관도 방문해 보자. 마드리드의 프라도 미술관, 레이나 소피아 미술관, 티센 미술관이 식상하다면 국립장식 박물관, 낭만주의 미술관, 소로야 미술관, 일러스트레이션 박물관도 추천한다.

릴리와 함께한
바스크에서의 일주일

미치도록 바다가 보고 싶었다. 마음을 평온하게 하는 수평선, 눈부신 푸른 물결, 짜릿한 바다 내음……. 그곳에 가면 가슴 시린 외로움과 무거운 걱정쯤은 잠시 내려놓을 수 있을 것 같았다. 미슐랭 별점을 많이 받은 레스토랑이 모여 있어 별들의 고향이라 불리는 산 세바스티안을 향해 마드리드에서 버스로 7시간을 내달렸다.

프랑스 국경과 인접한 산 세바스티안에 도착한 시간은 오후 5시. 시에스타가 끝났음에도 안내 센터에는 'Closed'라는 메모만 덩그러니 남겨져 있었다. 지도 한 장 없었기에 버스 터미널에서 인상 좋은 스페인 남성에게 길을 물었다. 길을 모를 때는 주변 사람에게 바로 물어보는 편이 시간과 에너지를 절약하고 우연한 인연까지 만들 수 있는 방법이다. 단, 인상 좋고 시간이 많아 보이는 동네 주민이어야 한다는 점. 경험에 의하면 강아지 데리고 산책 다니는 사람이 동네 주민일 확률은 100%다. 오늘도 예감 적중! 지도를 보여 주며 길을 알려 주더니 그것도 안심이 안 되는지 직접 찾아주겠다며 따라 나선다.

숙소가 밀집된 골목마다 빈방이 없다는 메모가 붙어 있다. 성수기가 지난 10월이라 숙소 예약은 안 해도 될 줄 알았던 것이 오산이었다. 골목을 모두 뒤진 후에야 오늘이 바스크 지역 공식 휴일임을 알아챘다. 숙소를 못 잡아 걱정이 되면서도 한편으로는 그토록 원하던 에메랄드빛 물결이 찰랑거릴 바다를 먼저 봐야겠다는 생각이 들었다.

그녀와의 첫 만남

벤치에 앉아 한 풀 꺾인 태양 아래 구름 한 점 없는 파란 하늘과 물결치는 파도를 바라봤다. 눈을 감으니 귓가에 와 닿는 살랑이는 바람이 느껴진다. 예상하지 못한 곳에서 불쑥 찾아오는 행복감에 젖어 든다. 그때 옆의 벤치에 앉아 엽서를 쓰고 있던 소녀와 시선이 마주쳤다. "안녕! 너도 혼자 여행 왔니?" 말을 시키자마자 힘차게 고개를 끄덕이던 그녀. 릴리와의 만남은 그렇게 시작되었다.

릴리는 바르셀로나에서 공부 중인 멕시코 교환 학생으로 휴일을 끼고 여행 중이었다. 혼자 여행하는 것은 처음이고 특별한 계획이 없기에 내 여행 코스에 합류하고 싶다고 했다. 마침 말동무가 필요했는데, 대환영이다. 함께 바르로 자리를 옮긴 후 바르의 맛난 핀초들을 모두 먹어 보자는 데 의견을 모았다. 그렇게 핀초 투어를 하며 밤새도록 서로의 이야기를 풀어냈다. 길 위에서 만난 인연과 우정을 쌓는 데는 시간이 중요한 게 아니다. 이는 시간의 문제도 아니거니와 꼭 오랫동안 함께 지내야 영원한 것도 아님을 여행할 때마다 느낀다.

스페인 북부의 대표 지역인 파이스 바스코(País Vasco) 지역은 스페인 정부에게 분리를 요구할 정도로 독자적인 언어와 음식, 문화 전반에 대한 자부심이 대단한 지역이다. 스페인 전체 인구의 2%에 불과한 지역이지만 스페인 국민이기보다는 파이스바스크 나라의 국민이 되길 희망한다. 이 지역 공식 언어인 에유스카라는 어원을 알 수 없는 어려운 언어인데도 그 지역 사람들은 스페인어보다는 에유스카라를 선호한다.

지역 공무원이 되기 위해서는 에유스카라 언어 시험을 통과해야 자격이 주어지며, 파이스 바스크의 아틀래틱 빌바오 축구팀은 코치와 감독 모두 이 지역 출신만 뽑는다. 전통을 잇기 위해 외고집을 세우며 그들만의 문화를 지켜 가는 자부심은 그 무엇

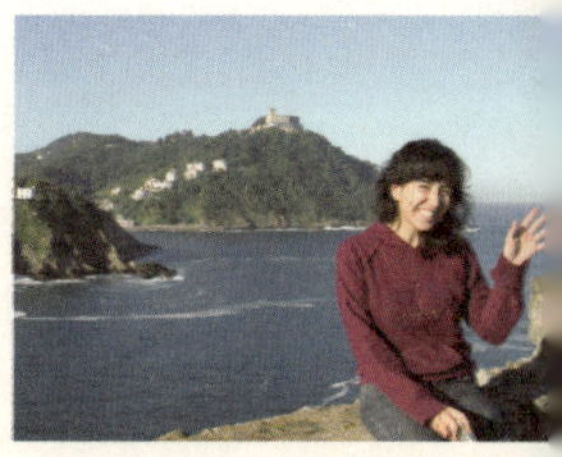

아침에 눈을 뜨지마자 산 세바스티안의 전망을 한눈에 볼 수 있는 우르글 언덕을 정복했다.

도 꺾을 수 없다. 파이스 바스크 지역에 접어드니 언제부턴가 도로 위 표지판과 여행 지도에도 두 언어가 나란히 적혀 있다. 에유스카라로 먼저 표시한 후 스페인어를 뒤에 적는 형태다. 같은 나라에서 지역에 따라 공식 언어가 바뀌다 보니 주를 넘나들 때마다 국경을 넘은 듯한 착각이 든다.

산 세바스티안에서 하룻밤을 보낸 후 아침 일찍 릴리와 함께 바다 전망이 한눈에 내려다보이는 우르글 언덕에 올랐다. 여행 파트너가 있으니 든든하기도 하고 발음과 억양은 조금씩 다를지라도 스페인어를 모국어로 사용하는 릴리 덕에 의사소통하기가 훨씬 수월해졌다. 토르티아와 커피로 아침 식사를 하며 웨이터에게 다음 여행지를 추천해 달라고 부탁했다. 질문이 채 끝나기도 전에 대답이 술술 이어진다.

"이곳에 며칠 동안 있을 거예요? 3일? 아가씨들, 그거 가지곤 턱도 없어요. 이곳까지 와서 바스크 해안 마을을 안 돌아보다니! 한 달을 머물러도 모자랄 정도로 아름답다고요!"

허공에 손을 휘두르며 너스레를 떠는 웨이터의 말에 우리는 망설임 없이 바로 작은 시골 마을로 떠나는 데 마음을 모았다.

바스크의 숨어 있는 산골마을

첫 번째 장소는 게르니카(Gernika). 피카소의 작품 게르니카의 배경이 된 곳이니 직접 둘러보는 것도 의미가 있을 듯했다. 1937년 나치의 무차별 폭격으로 마을의 80%가 파괴되고 약 2천 명의 인구가 학살당한 곳. 당시의 비극은 애써 잊어버린 듯 마을은 평화롭기만 했다. 뒷산으로 오르는 길에 피카소가 그린 게르니카 그림의 복제 벽화를 발견했다. 죽은 병사들의 시체와 울부짖는 여인들, 무참히 살해된 말들이 고통을 호소하고 있었다. 피카소는 작품을 통해 전 인류에게 스페인 내전 최대의 비극, 민간인을 향한 무차별 폭격이 자행되었음을 고발한다. 잊혀질

뻔한 역사의 한 부분을 작품을 통해 남겨 놓아 다시는 같은 실수를 반복하지 말아야 함을 강조한다.

당시의 참상에 대한 분노와 슬픔에 젖은 울적한 분위기를 떨쳐버리려고 오후의 자투리 시간에 버스 나들이를 하기로 했다. 꼬불꼬불한 가파른 비탈길을 아슬아슬 올라가는 버스 안. 6명 남짓의 승객들은 함께 피크닉 떠나는 기분이 됐다. 한 시간 정도 달리는 동안 계속되는 창 밖 풍경은 그 어느 곳에서도 본 적 없는 때묻지 않고 개발되지 않은 유럽 시골 마을의 모습이다. 리아스식 해안을 따라 드문드문 이어지는 작은 어촌, 급경 사진 절벽과 푸른 숲을 등에 이고 있는 호수, 산뜻한 초록빛으로 둘러싸인 늪, 작은 보트 한 척만 유유히 떠다니는 바다 등 절경이 기가 막히다.

신나게 해안선을 따라 시골 마을을 달리던 버스가 갑자기 고장 났다. 기사 아저씨만 버스에 남고 모든 승객이 내렸다. 호기심이 많고 넘치는 친절함으로 참견하기 좋아하는 스페인 사람들이 순식간에 몰려든다. 기사에게 질문을 던지고 모두가 머리를 맞대고 의견을 나누지만 뾰족한 대책은 보이지 않는다. 한 시간 가까이 서 있는데 운전수도, 승객들도 태평이다. 버스가 해안가 전망대의 바다가 보이는 곳에 멈춰서 다행이라는 표정이다.

나와 릴리도 간식을 먹으며 바다를 향해 눈을 돌렸다. 눈에 거슬리는 것 하나 없는 푸르름, 서울에서 늘 그리워했던 바다와 휴식이다. 짭조름한 바다 내음을 영원히 기억하고 싶어서 숨을 깊게 들이마셨다.

드디어 작은 항구이자 어촌마을 레케이티온에 도착했다. 강렬하고 소란스러웠던 스페인과는 또 다른 모습이다. 사람들은 소박했고 마을은 시에스타 덕에 고요하기까지 했다. 해안 산책로에 누워 달콤한 낮잠에 빠져든 단짝 친구 두 명, 까르르 웃으며 물장구치는 소녀들, 아빠 손을 잡고 아장아장 걸어 가는 아이,

물가에서 신나게 뛰노는 강아지, 소근소근 사랑을 속삭이는 연인들이 보였다. 일요일 오후의 여유를 누릴 수 있는 그들의 평범한 일상이 부러웠다. 언젠가 이 모든 풍경과 시간이 아름다운 추억이 될 것이라 생각하고 릴리와 나도 모래 위에 누워 낮잠을 자고 맨발로 바닷가를 거닐었다.

바스크 지역을 여행하는 동안 앞으로 내가 어떻게 살고 싶은지

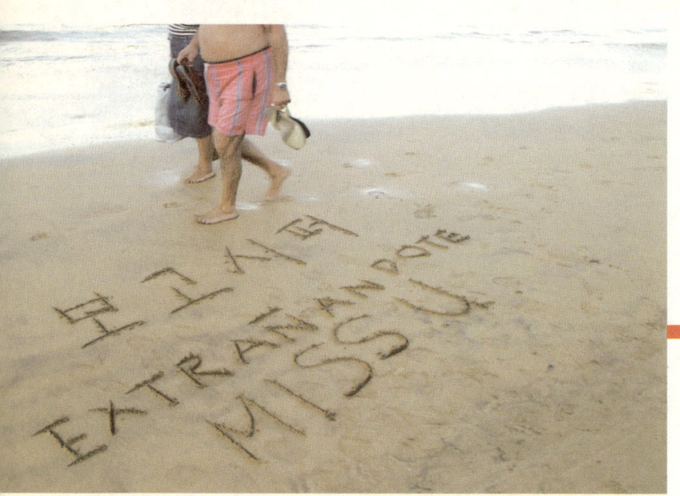

생각했다. 별을 보며 출근하고 달을 보고 퇴근하고, 비싼 옷을 입고 좋은 자동차를 타는 게 전부가 아니었다. 바쁘게 돌아가는 도시의 삶도 좋지만 누군가의 눈에 보이는 삶 보다는 내 행복에 귀 기울이며 살고 싶었다. 진정으로 삶을 풍요롭게 해 줄 수 있는 것은 아름다운 자연이 아닐까.

여행 중에 만난 아가씨의 추천으로 바스크 사람들이 가장 아끼고 사랑하는 어촌이자 서핑으로 유명하다는 마을 문다카(Mundaka)와 활기찬 소도시 베르메오(Bermeo)에 들른 일은 두고두고 잊을 수 없다. 잠시 커피를 마시고 점심을 먹으며 짧

게 머물렀지만 도시의 인상은 강렬했다. 커다란 볼거리는커녕 모든 게 지척에 있는 작은 어촌이지만 해안선을 따라 정박한 낡은 보트들을 바라보며 테라스에서 마신 커피 한잔의 여유가 잊히지 않는다. 관광객의 손이 타지 않은 스페인 어촌 마을의 고요한 일상을 훔쳐보고 온 느낌이다. 가이드북에는 소개되지 않았지만 로컬들이 추천한다면 어느 곳이나 믿고 신뢰할 수 있다. 구겐하임 미술관으로 문화 도시가 된 빌바오를 거쳐 세계에서 최초로 운송을 위한 다리가 놓인 포르투갈레테(Portugalete)에 들렀다. 릴리와 일주일째 여행 중이었고, 우리는 매일 밤 와인을 비우며 국경을 넘나드는 재미난 이야기로 시간 가는 줄 몰랐다. 이렇게 마음이 잘 맞는 친구를 만나기도 쉽지 않은데 우리는 아무런 다툼 없이 완벽한 시간을 보냈다.

릴리와의 마지막 날, 포르투갈레테의 높은 다리 위에서 마지막 기념사진을 찍고 따뜻한 포옹으로 작별의 아쉬움을 달랬다. 우리가 다시 만날 수 있는 날이 올까? 눈물이 떨어질 것 같아서 땅바닥만 바라보며 말없이 돌아 나왔다.

여행 TIP

스페인 북부는 국내 여행객들에게는 잘 알려지지 않았지만 매력이 넘치는 지역이다. 갈리시아 주의 산티아고 데 콤포스텔라, 우디 알렌이 사랑한 도시 오비에도(Oviedo), 스페인 왕족들의 별장이 모여 있는 산탄데르(Santander), 구겐하임이 있는 빌바오(Bilbao) 등 소도시 여행도 가능하다. 각 도시에 모두 공항이 있어 스페인 저가 항공인 뷰엘링을 통해 스페인 어디에서든지 쉽게 이동 가능하다.

길에서 만난 천사들

스페인에는 급하게 서두를 때 쓰는 '빨리빨리'라는 단어가 없는 것 같다. 여행 중에 느긋하다 못해 답답하게 느껴질 정도로 여유로운 스페인 사람들을 쉽게 만났다. 건널목이나 좁은 도로에서는 무조건 보행자 우선이다. 차가 오는 것을 보고 길을 건너지 않으면 운전자가 차를 세운 후 지나가라는 신호를 보낸다. 클랙슨을 울리거나 새치기하는 차도 본 적 없다. 처음에는 미안할 정도의 배려와 양보가 익숙하지 않았다.

여행 초반에는 이러한 스페인 사람들의 느긋함을 모르고 오해한 적도 있다. 작은 슈퍼에 들어갔는데 주인은 앞 손님과의 대화에 열심이었다. 시간은 계속 흐르고 기다리는 것을 참지 못하는 나는 슬슬 짜증이 났다. 중요한 대화를 나누는 것 같지도 않은데 말이다. 그냥 나가려고 마음먹은 순간 내게 다가와 무엇이 필요하냐고 친절히 묻는 주인에게 아무 말도 할 수 없었다. 기다리지 못하고 둘의 대화에 끼어들었더라면 내가 매너 없는 사람이 됐을 분위기다.

치즈를 사려고 들어왔는데 못 고르겠다고 하자 주인은 이것저것 꺼내 오더니 차이점을 설명해 준다. 친절은 고마웠지만 내 뒤로 손님들이 줄지어 서 있는 것이 마음에 걸렸다. 미안한 마음에 서둘러 계산을 하려고 했지만 주인은 아랑곳하지 않는다. 계속 다른 치즈를 보여 주며 맛보기를 권하고 줄 서 있는 사람들도 서두를 것 없다는 사인을 보낸다. 아마도 주인은 다른 사람에게도 같은 방식으로 친절하게 대했을 것이다. '서두르지 않고 느긋하게', 이것이 스페인 스타일이었다.

스페인에 살면서 가장 많이 듣는 단어는 천천히, 조금씩이라는
뜻의 '포카 포코'다. 스페인어를 조금이라도 더 빨리 배우고 싶
어 욕심낼 때, 이사를 가야 하는데 마땅한 집이 없어 안달할 때,
미래에 대해 불안해할 때마다 스페인 친구들이 하나같이 하는
말 '포카 포코(poca poco)'. 나는 언제나 서두르며 빨리빨리 행
동하는 습관이 몸에 배어 있었다. 슈퍼에서 길게 줄을 서야 하
거나 계산대 앞에서 미적거리는 직원들을 보면 가슴 밑에서부
터 답답함이 밀려왔다. 직접 나서서 물건을 봉지에 담거나 계산
해 주고 싶은 충동을 느낄 정도였다. 빨리라는 단어를 안 써도
될 만큼 느긋해지려면 얼마의 시간이 지나야 하는 걸까. 시간에
크게 구애할 것도 없는데. 습관적으로 부지런을 떨며 서둘러야
할 것 같은 강박 관념으로부터 벗어나고 싶었다.
작은 마을의 캠핑장에서 만난 노부부는 은퇴 후 캠핑카를 타고
3개월째 여행 중이었다. 심심하지 않냐는 물음에 "맛있는 커피
로 아침잠을 깨고 자전거로 동네를 산책하고 점심을 먹어요. 우
리는 점심만큼은 왕과 왕비처럼 먹어야 하기에 많은 시간을 들
이죠. 그리고 아가씨 같은 여행자와 이야기를 나누다 보면 지루
할 새가 없는 걸요? 자, 이제 한국은 어떤 곳인지 얘기해 줘요!"
느긋함으로 삶의 소중한 순간을 함께하는 노부부의 모습이 아
름다웠다.

은퇴 후 여행하며 노후를 즐기
는 노부부의 모습이다.

여유롭고 친절한 그들

바라는 것 없이 친절을 베풀어 줬던 천사들을 길 위에서 만난
것은 여행이 내게 준 큰 선물이다. 길을 물으면 목적지까지 데
려다 주고 함께 뚫어져라 지도를 봐주던 사람들. 한밤중에 길을
잃었는데 택시도 아니고 버스 기사 아저씨가 번지수도 모른 채
길 이름만 기억하는 나를 걱정하며 숙소 앞까지 태워다 주었다.
숙소를 찾지 못해 헤맬 때 처음 본 아가씨는 단번에 전화를 걸
어 정확한 주소를 알아봐 주었다. 일곱 시간의 버스 여행길 옆
좌석에 앉은 아주머니는 헤어질 때 연락처와 주소를 적어 주고
잠잘 곳이 필요하면 언제라도 연락하라고 하신다. 손을 잡고 여
행 잘하라며 인사하고 돌아서는 아주머니의 눈빛이 살짝 흔들
리는 것 같았다. 내가 길을 잃을까 걱정되셨던 걸까? 스페인에
서 만난 첫 번째 따뜻한 친절이었다.

갈리시아 주의 집 정원에 있는
미니 가옥.

참견하기 좋아하는 친절한 스페인 사람들을 만난 적도 있다.
갈리시아 주의 집 정원에는 미니 가옥이 하나씩 자리 잡고 있
다. 꼭대기에 십자가가 있는 이 정체불명의 집이 너무 궁금해
서 길 가는 사람에게 물어봤다. 영어로 설명하기가 힘들었는지
지나가던 다른 사람에게 물어보고 또 물어보고……. 순식간에
여러 명의 사람들에게 둘러싸여 다양한 설명을 들었다. 음식
저장고라는 것을 알려 주려고 얼마나 많은 사람이 머리를 맞댄
것인지. 참 재미있는 경험이었다.

발렌시아 주에서 북쪽으로 한 시간 거리에 있는 카스테욘
(Castellón de la Plana)에서 만난 안토니오와 마리엘 부부는 바
르를 운영하며 일 년에 한두 달쯤은 수입에 상관없이 가게 문
을 닫고 세계 곳곳을 떠돈다고 했다. 열심히 일해서 번 돈을 여
가 생활을 위해 쓰는 것이 행복을 위해 중요하다는 안토니오는
가진 것은 없지만 다른 사람들을 부러워한 적도 없다고 딱 잘
라 말한다. 본인의 삶에 크게 만족하기 때문에 남들과 비교하

여행 중에는 많은 이들과 만나
고 헤어진다. 정들었던 친구들
과의 헤어짐은 언제나 슬프다.

지 않고 물질을 소유하는 것에 대한 욕심이 없다고 했다. 아내
와 함께 터키, 이집트, 인도, 캄보디아 등 미지의 나라를 여행하
는 순간이 가장 행복하다고 말하며 서로를 사랑과 신뢰가 가득
한 눈빛으로 바라보며 끌어안고 입을 맞춘다.
여행 초반에는 새로운 것을 보고 경험하겠다는 욕심에 허둥지
둥 다녔는데 시간이 지날수록 사람과의 만남을 통해 값진 것을
배워가는 느낌이다.

스페인에서 발견한 한국의 발자취

길 위에서 한국인을 만난 적도 있다. 마드리드 근교 톨레도의
대성당에서 향긋한 초 냄새와 엄숙한 분위기에 휩싸여 예배당
맨 앞줄에 앉아 있을 때였다. "혹시 한국 분이세요?" 순간 화들
짝 놀라 뒤돌아본 곳에 프란체스코 씨와 장난기 가득한 표정의
루이스가 웃고 있었다. 한국을 떠나 스페인의 작은 마을 오카냐
(Ocaña)에 살게 된 후 한국인과 이야기를 나눈 것은 정말 오랜
만이라는 낮은 음성에 진심이 묻어난다.

며칠 후 프란체스코 씨의 초대로 축제 준비에 한창인 오카냐 마
을을 방문했다. 집으로 향하는 길, 그는 스페인까지 오게 된 사
연을 들려 주었다. 한국에 온 스페인 여인과 사랑에 빠졌고 둘
사이에서 태어난 루이스와 스페인으로 이주한 이야기까지는
완벽한 영화 줄거리 같았다. 그러나 그 후 암 선고를 받은 부인
은 4년간의 투병 생활 끝에 작년 가을 천국으로 떠났다고 한다.
그의 마지막 말에 애달픈 심정이 되어 버린 나는 위로의 말조차
건넬 수 없었다. 가끔 영화 같은 일도 현실이 되어 나타나곤 하
니까. 슬픔조차 초월한 듯 무덤덤하게 말하는 프란체스코 씨의
표정에 한국이 그립지 않냐는 질문은 속으로 삼키기로 했다.
마을 축제 마지막 날 프란체스코 씨와 루이스와 함께 비야누에
바 데 알카르데테(Villanueva de Alcardete)로 향했다. 우연히

Calle
Chin-hae

들른 마을에서 발견한 태극기 기념비와 한국 이름이 붙은 길을 보여 주고 싶어 하신다. 마을의 좁은 골목길을 몇 바퀴 돌아 드디어 한국 이름의 길을 발견했다. 그 곳에는 분명히 '친해(진해), 세울(서울), 꼬레아(코리아)'라는 길 이름이 적혀 있다. 이국 땅에서 찾아낸 한글이 마냥 반갑기만 하다. '은둔의 나라 한국 땅을 처음 밟은 최초의 서양인 그레고리오 쎄스 페데스 신부를 위하여, 천오백구십삼년 - 1991년 11월 9일 비야누에바 데 알카르데테'라는 한글 밑에 같은 내용이 스페인어로 적혀 있다. 스페인 신부님이 선교를 목적으로 일본을 통해 1593년 한국에 들어왔고, 그분이 서양인 최초로 한국땅을 밟고 유일하게 임진왜란을 목격한 서양인이자 서간문을 통해 미지의 한국을 서양에 알린 장본인이란다. 설명을 들으며 파란 하늘에 솟아 있는 태극기를 바라보니 뭉클하다. 여행객으로서도 낯선 땅에 있으니 고국을 생각하면 애달픈 감정이 드는데 8년을 고국과 떨어져 지냈고 앞으로도 더 많은 시간을 스페인에서 보낼 프란체스코 씨의 마음을 가늠할 수조차 없었다.

여행길 위에서 만난 많은 인연은 나에게 친절을 베풀었고, 그로 인해 우리는 서로 우정을 나눌 수 있었다. 그들이 보여 준 사랑을 통해 나는 스스로를 더욱 사랑하고 소중하게 대하는 법, 사람을 더욱 이해하고 끌어안는 법도 배웠다. 그곳에서 만난 인연들을 떠올리면 때로는 스페인을 기억하는 것보다 더 가슴 벅차다.

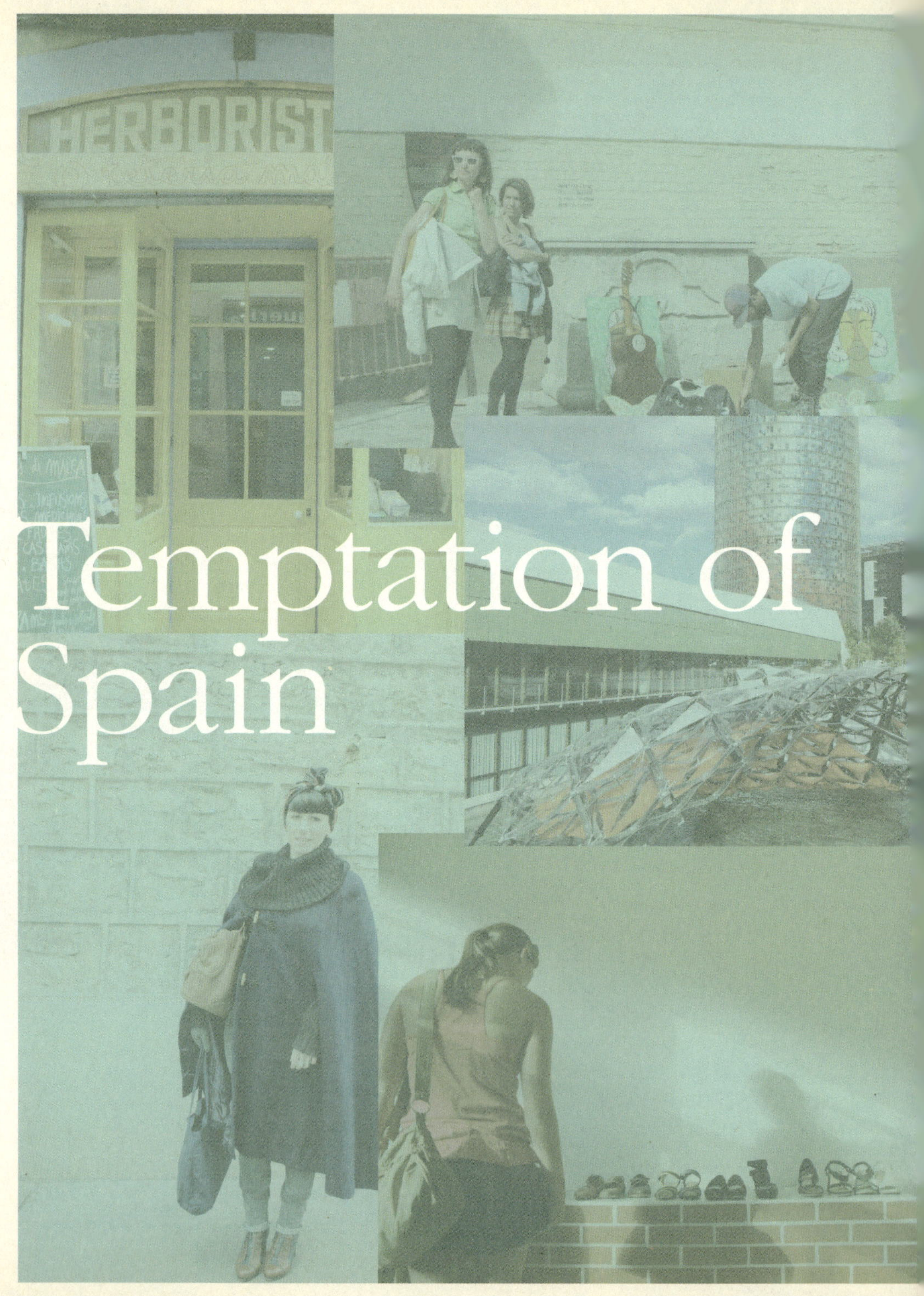

Temptation of Spain

PART 5

스페인에서는
눈과 입이 즐겁다

모두를 만족시켜 주는 다양한 타파스와 핀초 등 전 세계 미식가들의 입맛을 사로잡는 스페인 음식, 바르셀로나 현대 미술관, 막바를 중심으로 쉽게 만날 수 있는 스타일 아이콘 스페인 젊은이들, 늦은 새벽까지 계속되는 화려한 밤 문화 등 스페인과 사랑에 빠질 수밖에 없는 이유는 충분하다.

개성 강한 스페인 스타일

거리에서 시선을 끄는 것은 새로 생긴 상점이나 훤칠한 남자가 아니다. 매력적인 스페인 여자들 때문에 가던 길을 멈추고 뒤돌아보게 된다. 그녀들은 여름이 가까워질수록 겉옷을 벗어던지고 각자의 개성이 묻어나는 패션을 선보이며 당당하게 거리로 쏟아져 나온다. 몸매가 예뻐서, 화장을 해서, 좋은 브랜드의 옷을 입어서가 아니라 뚜렷한 취향으로 남과 다른 멋을 뽐낼 줄 알기에 그 유니크함에 매료되는 것이다.

햇볕에 적당히 그을린 섹시한 구릿빛 피부, 그리고 짙은 갈색의 머릿결은 금발보다 훨씬 멋스러워 보인다. 몸에 붙은 약간의 살집은 여성미와 섹시함을 더욱 두드러지게 한다. 귀여우면서도 묘한 성적 매력을 풍기는 스페인 여자들은 각자의 스타일을 정확히 알고 모든 룩을 멋지게 소화한다.

거리를 누비는 아름다운 그녀들

"스페인 남자들 멋지지?"라는 질문을 받을 때면 크게 할 이야기가 없다. 대신 스페인 여자들의 아름다움에는 극찬을 아끼지 않는다. 까무잡잡하고 탄탄한 피부, 흐트러진 듯한 자연스러운 헤어스타일과 화장기 없는 수수함, 스니커즈와 플랫 슈즈만으로도 패셔니스트다운 면모를 과시한다.

바르셀로나에서는 세련되고 시크한 시티룩보다는 꾸민 듯 안 꾸민 듯 티가 나지 않는 편안한 내추럴룩이 인기다. 최신 유행하는 패션을 머리부터 발끝까지 따라하는 사람들은 영국이나 이태리에서 온 외국인일 경우가 많다. 간혹 스타일이 좋고 끝내주는 외모와 매너를 보여 주는 남자들이 있다면 십중팔구 친절한 게이인 확률이 크다.

아이들부터 할머니까지 나이를 불문하고 스페인 여자들은 외모에 자신감이 넘친다. 마치 엄마와 아줌마는 존재하지 않고 나이 상관없이 평생 여자의 일생을 사는 것 같다. 어린아이도 길다란 팔다리 때문에 섹시해 보이기도 하고 60세가 훌쩍 넘은 할머니도 뒷모습만큼은 아가씨 같다. 엄마와 중년의 여성복이 따로 있는 것도 아니고 나이와 장소 상관없이 본인들이 입고 싶은 옷을 입으니 젊어 보이고 더 아름다워 보인다. 하이힐을 신고 톱리스 원피스를 입고 남편의 손을 꼭 잡고 지나가는 중년 여성의 모습은 보는 것만으로도 설렌다.

특히 장신구를 좋아하는 여자들은 귀걸이와 목걸이는 기본이고 두 팔 무겁게 여러 개의 팔찌를 차기도 한다. 단, 유행하는 상품과 브랜드 없이 개인 공방에서 직접 만든 물건이나 어디서 구입한 것인지 모를 만큼 이름과 마크가 들어가지 않은 물건을 착용한다. 브랜드와 유행을 따라 상품을 구입하는 것이 아니라 디자인과 착용감, 가격과 본인의 취향을 고려해 소비한다. 가끔은 거리에서 허리가 구부정한 멋쟁이 할머니를 만난다. 분명 바구니를 끌고 집 앞 슈퍼에 나가는 것일텐데 신발 컬러에 맞춰 스카프와 가방을 매고 브로치로 천상 여자임을 강조하신다. 나이가 들어서도 여자로서 가꾸고 꾸미는 것을 좋아하는 그녀들이 존경스럽고 같은 여자로서 본받고 싶다.

전국적으로 매주 금요일 오후부터 토요일까지는 쇼핑 열풍이 불어닥친다. 중저가 브랜드 자라에서 온 국민이 대대적인 쇼핑 운동이라도 펼치는 것 같다. 스페인의 대표 의류 기업인 인디텍스는 자라를 비롯해 마시모 듀티, 오이쇼, 베르슈카, 스트라디바리우스 등 다양한 글로벌 브랜드를 87개 도시에 6,300여 점 소유하고 있다. 전 세계 고객들의 입맛에 맞추어 트렌디한 옷을 대량 생산, 빠르게 배송하는 본사는 스페인의 서북부 갈리시아주에 위치해 있다. 바르셀로나 중심인 고딕 지구쇼핑 거리는 평일 낮이면 관광객들에게, 주말이면 파티를 앞둔 젊은이들에게 통째로 습격이라도 당하는 듯하다. 모든 숍이 손님을 유혹하며 지루할 틈을 주지 않는다. 자국 브랜드 외에도 프랑스와 이태리의 주요 브랜드를 모두 만날 수 있다는 것도 바르셀로나 쇼핑이 즐거운 이유 중 하나다.

거리에서 만난 개성만점의 그녀들에게서
눈을 뗄 수 없다.

바르셀로나의 골목을 뒤질수록 끝없는 보물 창고를 찾아 헤매
는 기분이다. 언제 어느 곳에서 숨겨진 광장을 발견할지 모른
다. 거리 예술가들의 그래피티로 장식된 벽면과 아담한 테라스
가 있는 노천 카페, 주인의 개성이 마음껏 발휘된 작은 숍들이
곳곳에 숨어 있다. 늦은 오전에 문을 열어 두세 시간만 장사를
한 후 문을 걸어 닫는 숍, 시에스타 시간이 지나서야 문을 여는
숍, 그리고 저녁 시간에 맞춰 문을 여는 레스토랑과 바르. 같은
골목을 지나쳐도 시시각각 변하는 골목길 모습에 지루할 새가
없다. 건물 구조상 입구는 좁아도 내부는 넓은 홀과 각기 다른
공간으로 꾸며진 곳이 많기에 겉만 보고 지나쳐서는 안 된다.
한여름의 오후 두 시는 가장 더운 시간이다. 그래서 대부분의
재미난 개인 숍은 시에스타를 지킨다. 이르면 한 시 반부터 문
을 닫고 오후 네다섯 시가 되어야 다시 문을 연다. 이 시간만큼
은 쇼핑이나 골목 탐험은 멈추고 그늘이나 노천 카페에서 점심
을 먹는 편이 좋다. 짧은 낮잠을 자고 쉰 후 상점의 셔터가 일제
히 올라가면 도시가 어슬렁거리며 움직이기 시작한다. 이것이
익숙한 바르셀로나의 일상이다.

스페인 문화

처음 바르셀로나에 살기 시작했을 때, 토요일이면 일제히 문을
닫는 관공서와 토요일 오후부터 영업을 하지 않는 숍, 일요일이
면 인적이 드문 거리의 고요함이 불편함으로 다가왔다. 점심 먹
고 도서관에 가면 늘 문이 닫혀 있었고 평일 오전에 볼일을 마
치고 은행에 가면 이미 오후 영업시간이 끝나 있었다. 다음날
다시 은행을 찾았더니 줄이 길다. 번호표 없이 내 앞사람만을
기억하며 한참을 기다린 후 결국 요금 고지서는 목요일 아침에
만 접수한다는 대답을 들었다.

주인을 그대로 닮아 각기 다른
모습을 뽐내는 발코니 구경도
재미있다

집으로 돌아오는 길, 무슨 일이든 천천히 임하는 그들의 업무
방식에 한숨만 나왔다. 그러나 어느덧 점심 식사 후에는 꼭 집
에서 한 숨 쉬고 일요일 장을 토요일에 미리 봐 두고 은행 업무
만큼은 오전에 해결하니 세상 살기 참 편해짐을 느낀다. 모든
일을 금요일까지 끝내고 토요일 오전부터는 온전한 자유 시간
을 즐긴다. 바다나 공원에 가서 강아지를 산책시키며 브런치를
먹고 저녁에는 각종 콘서트나 축제 또는 친구들과 파티를 한다.
그렇게 늦은 밤을 보내면 일요일 아침 정오까지 거리 전체가 잠
들기 때문에 모두가 고요한 평화를 맛볼 수 있다. 가족과 식사
하는 것 외에 다른 어떤 일도 하지 않고 다음 주를 준비한다.
스페인에서는 각 주의 고유 언어가 해당 지방의 공식 언어로
사용된다. 바르셀로나에서는 스페인어 외에 공식 언어인 카탈
루냐어도 사용한다. 대부분의 알파벳은 비슷하지만 스페인어
에 없는 철자가 있고 발음은 비슷하면서도 상당히 다르다. 카
탈루냐 국경 피레네 산맥을 넘어 프랑스와 마주하고 있어서 그
런지 불어와 비슷한 면도 있다.
카탈루냐어는 프랑코 독재 시대까지만 해도 학교와 공공장소
에서의 사용을 금지했기에 가족과 친구 등 가까운 사이에서만
사용되며 그 뿌리를 유지해 왔다. 지금까지도 까딸란을 말하는
사람끼리는 끈끈한 유대감이 있고 스페인어보다 카탈루냐어
사용을 선호한다.
물론 자신을 스페인 사람이라고 말하기보다 카탈루냐 사람이
라고 말하며 자부심을 드러낸다. 실제로 시내 한복판에서 벽면
한가득 'Barcelona is not a spain'이란 낙서를 본 적도 있다. 바
르셀로나 사람에게 "그래, 너는 스페인 사람이니까."라고 하자
"아니, 난 까딸란 사람이야"라고 받아 치던 진지함을 기억한
다. 14세기부터 19세기에 거쳐 카탈루냐는 자치 국가로 존재
했고 바르셀로나가 스페인 경제의 40%를 차지할 정도로 세금

디자인 도시 바르셀로나에서만
볼 수 있는 개성 만점의 멋진 숍
들을 놓치지 말자.

도 많이 냈다. 부유하다 보니 다시 독립을 원하는 카탈루냐 사
람도 많다.

발코니에 카탈루냐 주의 깃발을 걸어 놓거나 카탈란 문양을 새
긴 티셔츠를 입은 사람은 어느 곳에서나 쉽게 볼 수 있다. 카탈
루냐 주에 살면서 스페인어만 구사해도 생활에 불편함은 없지
만 그들과 더 가까워지려면 카탈루냐어를 배울 필요성도 느낀
다. 골수 카탈루냐인 체페는 두세 시간이 넘는 모임 중에도 스
페인어만 하는 내게 끝까지 카탈루냐어로만 대화했다.

마드리드 바르에서 레알 마드리드와 FC 바르셀로나의 축구 경기를 본 적이 있다. 축구에 특별히 관심이 없기에 어느 팀도 응원하지 않았다. 3:0으로 경기 초반부터 바르셀로나가 지고 있었고, 누가 봐도 마드리드가 이길 경기였다. 게임 종료 1분 전, 기적적으로 바르셀로나가 한 골을 넣었다. 막판 골에 무심코 "와우! 골인!"하고 환호성을 내질렀고 장내는 싸한 분위기로 변했다. 결과적으로 마드리드가 이겼음에도 바르셀로나가 한 골 넣은 것을 도저히 용납할 수 없다는 분위기였다. 같이 있던 마드리드 친구들은 설마 바르셀로나를 응원한 거냐며 게임 후 30분이 넘도록 몰아세운다.

바르셀로나에 살면서 가장 좋은 점은 바다가 도시 바로 가까이에 있다는 것이다. 저녁에는 자전거를 타고 바다까지 강아지와 함께 달린다. 자전거를 쫓아 골목골목 잘 따라오던 강아지가 헉헉댈 때쯤이면 해안에 자리를 잡는다. 태닝을 하던 사람들이 저물어 가는 해에 스산함을 느끼고 주섬주섬 옷을 챙겨 입는 것을 바라보며 바르에 앉아 시원한 모히토 한 잔을 주문한다. 준비해 온 책을 펼쳐 들고 몰입하는 시간, 바르셀로나여서 가능하다. 이름만큼이나 예쁜 도시, 그리고 그곳에 사는 유쾌하고 센스 넘치는 사람들은 이곳을 찾았던 여행객을 다시 바르셀로나로 불러들이기에 충분한 이유들이다.

 **여행 TIP**

자라, 망고, 마시모 뚜띠 등 스페인 대표 브랜드 쇼핑을 원한다면 고딕 지구의 대성당 앞 포르타 델 앙헬 길이 제격이다. 고급 브랜드 숍들은 가우디 아파트가 위치한 파세이그 데 그라시아에 있다. 한 곳에서 다양한 제품 쇼핑을 원한다면 카탈루냐 광장에 위치한 엘 꼬르떼 잉글레스 백화점을 둘러보자. 람블라스 거리에 위치한 카르프 마켓에서는 다양한 스페인산 초콜릿, 과자, 와인, 샴페인, 하몬 등을 구입할 수 있다.

유럽에서 가장 활기찬
스페인의 밤

저녁 8시 이후에 모든 숍이 문을 닫는 유럽 소도시에서 온 사람들은 스페인의 밤 문화에 깜짝 놀라곤 한다. 심지어 세계적으로 유명한 수도인 런던이나 베를린, 서울과 비교해도 단연 톱에 들 정도로 스페인 대도시들의 밤은 길고 화려하다.

바르셀로나 시내 중심부는 서비스업 운영자들이 많아서 아침을 늦게 시작한다. 도시는 오전 열 시쯤 서서히 잠에서 깨어나고 샌드위치와 커피로 간단하게 해결하는 아침 식사가 이어진다. 정오까지 늦은 브런치를 먹고 본격적인 점심 식사는 오후 두 시가 훌쩍 넘은 시간에 시작해 네다섯 시까지 계속되기도 한다. 여름철이면 사람들은 해가 누그러들 때 움직이기 시작한다. 저녁에 맥주나 캄파리를 한잔하며 그날의 피로를 풀고 밤 열 시가 넘어서야 저녁 식사를 하는 게 일반적이다. 주말 밤에는 자정이 레스토랑의 피크 타임으로 느껴질 때도 있다. 밤이 깊어질수록 바르셀로나의 메인 거리인 람블라스 거리에 사람들이 쏟아져 나오는 것을 볼 수 있다.

화려한 나이트 문화

마드리드와 바르셀로나 같은 큰 도시를 여행할 때는 화려한 밤 문화를 제대로 즐겨야 한다. 자정으로 치닫는 시간에 인파로 가득한 레스토랑에서의 저녁 식사는 이국적이다. 여름밤에는 새벽녘에도 거리에 사람들이 가득하고 클럽의 피크 타임은 새벽 두 시가 넘어서야 서서히 시작된다.

전형적인 스페인 젊은이들처럼 주말 밤을 보내고 싶었는데, 한 친구가 나를 초대했다. 바르셀로나 그라시아 지구에서 저녁을 먹기로 하고 지하철역 폰타나 앞에서 모이기로 했다. 스페인에서는 보통 밤 열 시에 저녁 식사를 시작하니 아홉 시에 만나기로 했다. 나는 행여 늦을까 서둘러 십 분 전 열 시에 약속 장소에 도착했다. 기다림도 보챔도 없이 먼저 모인 사람끼리 인사하고 안부를 물으며 다른 사람들이 오기를 기다렸다. 스페인 사람들이 모두 모이는 데 걸린 시간은 사십 분 정도였다. 스페니시 타임이 적용되긴 했지만 이 정도면 꽤 양호한 편이었다. 이미 "5분이면 도착해."라는 말을 믿고 한 시간 넘게 기다린 경험도 두어 번 있었으니까.

느긋하고 여유롭게 사는 그들을 보고 빨리빨리를 외치며 조급증을 부려봤자 나만 피곤해진다는 것을 알았다. 이미 습관화된 그들의 문화려니 하고 따르는 편이 좋다. 처음 만나는 사람들과도 인사를 건네고 서로의 이름을 주고받으며 양 볼에 가볍게 입을 맞추는 도스 베소스를 나눈다. 사실 인사할 때마다 이름을 주고받지만 귀에 잘 붙지 않아 금새 잊는다. 한국에서는 언니,

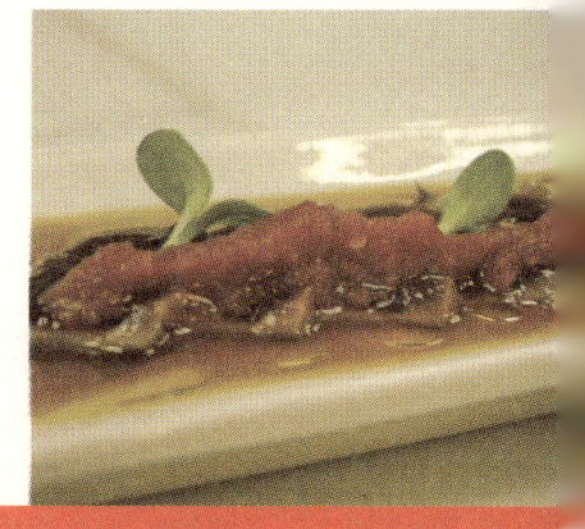

오빠, 동생으로 호칭을 붙이니 처음 만나는 사이에 이름을 부르지 않고도 대화가 가능한데 이곳에서는 각자의 이름을 부르니 조르디, 호세, 미리암, 에바, 젬마, 산드라, 알렉스 등 이름이 낯설기도 하고 안 외워져 곤욕을 치룬 적이 몇 번 있다. 처음 만난 이들과 나눈 도스 베소스도 어색했지만 익숙해지니 입 맞추고 포옹하는 인사법이 낯선 이들과 최대한 빨리 친밀감을 형성해 주는 것 같아 편해졌다.

레스토랑에 자리를 잡고 와인과 애피타이저로 함께 나눠 먹을 음식과 각자의 메인 코스를 주문하기 시작했을 때는 이미 밤 10시가 훌쩍 넘어 있었다. 갓 저녁 식사를 시작하는 테이블, 예약이라는 푯말과 함께 아직도 손님을 기다리고 있는 테이블이 가득했다. 서서히 주말 밤이 시작됨을 알리는 분위기였다. 나눠 먹는 음식도 각자의 접시에 덜어서 먹고 빈 잔은 채워 주되 술을 마시라고 강요하지도 않는다. 웃고 떠들며 식사를 하되

입안에 음식을 넣고 소리를 내거나 이야기하지는 않는다. 식사하고 이야기를 나누다 보니 두 시간이 훌쩍 흘렀고 식사를 마무리하고 커피까지 마시고 난 시간은 새벽 한 시. 저녁 식사가 끝나기도 전에 테이블 위에서 잠들 수도 있는, 장시간의 저녁 만찬이었다.

부른 배를 두드리며 근처 바르로 이동했다. 야외 테라스 바르는 자정이 넘으면 거리의 소음 때문에 테라스를 접어야 한다. 사람들은 실내로 모여든다. 서울의 밤 아홉 시 풍경이 바르셀로나의 새벽 한 시와 겹쳤다.

모히토와 진토닉 등의 칵테일을 마시며 클럽에 가기 적절한 시간을 기다렸다. 금요일 밤 새벽 한 시도 클럽에 가기는 이른 시간이라니, 이들의 말을 따를 수밖에. 사실 평일 자정이 넘어 라운지 바르에 간 적이 있다. 사운드도 좋고 인테리어도 괜찮았는데 사람이 너무 없는 게 이상했다. 아무리 평일이라 해도 자정은 클럽에 가기 이른 시간이었던 것이다.

새벽 한두 시에 클럽에 들어서면 순식간에 늘어나는 사람들로 발 디딜 틈이 없다. 평일 밤 역시 그 시간이면 붐비는 사람들로 앉아 있을 곳도 없다. 결국, 그날 밤 우리는 새벽 세 시가 다 되어서야 클럽으로 이동했다.

건전하게 즐기는 그들

그날 일행 중 한 명이었던 앙헬은 두 아이를 둔 서른 하나의 젊은 아빠다. 앙헬은 술, 담배를 하지 않는 대신 춤추는 것을 너무 좋아한다. 아내 역시 춤추는 것을 좋아하기 때문에 주말이면 아이를 부모님 집에 맡기고 함께 춤을 추러 클럽 순회를 다닌다고 했다. 꽤 쿨한 부부라고 생각했는데 그 후 바르셀로나에 거주하면서 느낀 것은 춤추는 것은 삶의 큰 즐거움 중의 하나라는 사실이었다.

자정이 넘으면 더 많은 사람이
거리로 쏟아지는 바르셀로나는
밤이 더 바쁘다.

휴일과 축제 때는 작은 광장과 거리에서 음악에 맞춰 전통 춤을
추는 사람들을 쉽게 볼 수 있다. 관광객이라도 그 누구라도 참
여해서 커플끼리 두 손을 꼭 잡고 춤을 추는 모습은 인상적이다
못해 부럽기까지 했다. 저녁이면 탱고를 배우거나 추는 사람이
많고 대부분이 기본 동작이나 스텝 정도는 기본으로 안다.
결혼식에도 식사 후에는 항상 신랑신부를 시작으로 다 함께 춤
을 춘다. 젊은 커플부터 시작해 노부부들 역시 손을 잡고 밀고
당기며 앞뒤로 스텝을 밟는다. 그들이 춤을 추는 모습은 특히
더욱 낭만적이고 잔잔한 감동까지 전해 준다. 플라멩코와 룸
바, 살사 리듬에 맞춰 제멋대로 춤을 선보이며 화끈하게 즐길
줄 아는 보통 사람들이 사는 도시. 그 곳이 바로 바르셀로나다.
스페인에 오기 전, 스페인 사람들은 유럽에서도 가장 개방적이
기에 이성도 쉽게 만나고 헤어질 것이라 예상했다. 어릴 적 런
던 배낭여행의 기억도 한몫했다. 한방을 쓰고 인사를 주고받았
던 스페인 여자가 새벽 세네 시가 넘은 시간에 열두 명이 함께
묵는 도미토리에 처음 만난 남자를 데리고 온 것을 보았기 때문
이다. 그리고 하필 그녀가 1층, 내가 2층을 사용했다. 그때부터
스페인 사람들에 대한 나만의 편견이 생겼다.
그런데 스페인 시골 사람들은 그 누구보다 순수하고 때묻지
않은 정서를 유지하고 있었다. 바르셀로나와 마드리드 같은
도시 사람들도 서울 같은 큰 도시에서 온 약삭빠른 나와 다르
게 소박하고 배려심이 깊고 마음이 따스했다. 오랫동안 가톨
릭의 영향을 받았기 때문에 오히려 다른 유럽 국가에 비해 보
수적인 면도 있었다. 내가 만난 이십대 후반의 젊은이들은 이
성 교제를 4~5 년씩 진지하게 해 오고 있었고, 클럽에 가서 이
성을 유혹하고 원나잇 스탠드를 즐기는 것은 이십대 초반의
어린 나이에나 하는 일이라고 비웃었다. 애인을 두고 바람을
피우거나 한눈을 파는 것은 절대 용서할 수 없으며 술을 마시

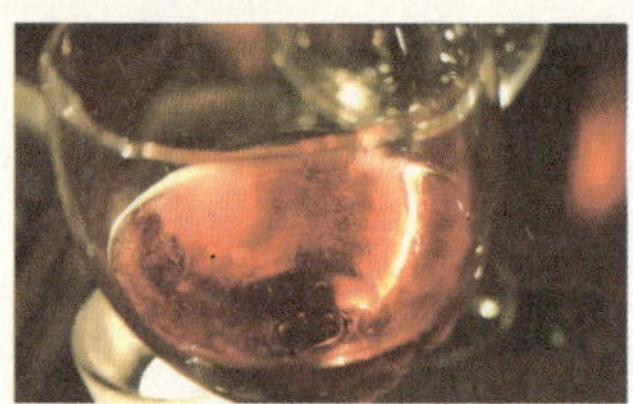

이른 새벽까지 계속되는 칵테일
바르들.

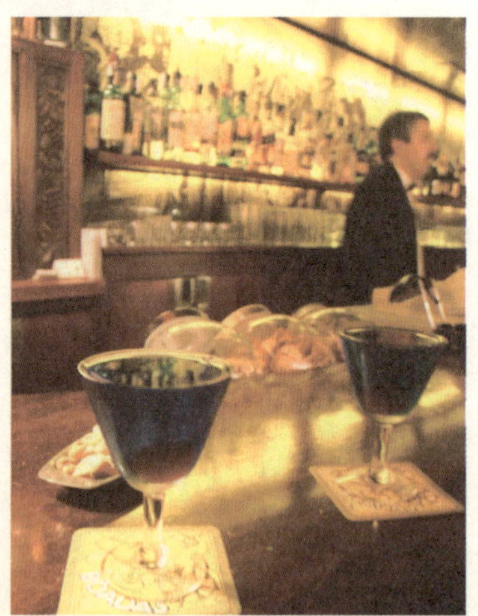

고 취해 거리에서 시끄럽게 노는 것도 이미 어릴 적에 마스터했다는 듯 이야기한다. 스페인을 여행하고 처음 현지인들과 어울리기 시작했을 때 다들 한창인데 나만 침대를 찾는 듯한 느낌을 받은 적이 한두 번이 아니었다. 자정을 훨씬 넘긴 시간이었음에도 주말 밤의 소음은 쉽게 잦아들지 않았다. 다른 나라에서 늦은 시간까지 골목을 지키고 있던 것은 관광객이었는데 스페인에서만큼은 반대다.

관광객이 낮 동안의 피곤함에 숙소로 들어올 때 스페인 사람들은 스니커즈 대신 구두를 신고 화려하게 치장을 하고 밖으로 나온다. 마드리드에서는 클럽에 가지 않아도 늦은 밤까지 술과 함께 간단한 타파스를 먹으며 거리를 배회하기 좋았다. 솔 광장 너머 산타아나 광장 근처에는 클래식하면서도 세련된 바르가 밀집되어 있어 걷는 것만으로도 큰 볼거리였다. 마드리드 곳곳에서는 타파스 바르도 자정이 훌쩍 넘긴 시간까지 운영한다. 늦은 시간까지 안주 삼아 음식을 시켜 먹기에도 좋았다.

한잔하고 이동하고 또 다른 장소에서 한잔하고 이동하는 바르 탐험을 하기에는 산 세바스티안이 제격이다. 구 시가지 중심지에는 수십 개의 핀초 바르가 옹기종기 모여 있다. 모던한 바르에 들어가 새로운 퓨전 핀초를 골라 먹을 수도 있고 전통 바르에 들어가 가장 기본적인 파이스 바스크 지방의 타파스들을 핀초로 낸 음식을 맛볼 수도 있다. 테이블에 앉을 필요도 없이 바에 기대어 눈앞에 있는 먹음직스러워 보이는 핀초는 직접 골라 음료와 함께 맛보면 된다. 잔을 비우면 또 다른 바르에 들어가 먹고 싶은 것을 직접 접시에 골라 담으면 되니 주문하는 스트레스를 받을 필요도 없다.

먹고 마시는 것 외에 끝내주는 야경 하나만으로 관광객의
발길을 사로잡는 곳도 있다. 대학 도시로 유명한 살라망카
(Salamanca)에서는 밤마다 도시의 화려함에 눈이 멀 것만 같았
다. 구시가지의 중심 마요르 광장의 화려한 조명은 수백 년 된
건물을 더욱 돋보이게 했다. 안개가 자욱하게 깔린 골목길 끝에
위치한 대성당의 돔은 걸음을 옮길 때마다 나아갈 방향을 향해
빛을 비춰 주었다. 어느 골목이든 고개를 들면 조명이 내려앉은
대학 건물과 성당의 화려함을 감상할 수 있었다. 낮보다 더 치
명적인 매력의 살라망카에서는 꼭 밤에 길을 나서야 했다.
마드리드의 마요르 광장은 여름밤이면 젊은이들의 만남의 장
소로 각광 받는다. 아무 거리낌 없이 바닥에 앉거나 드러누워
소곤거리는 사람들로 광장은 가득 찬다. 광장 한 켠 오래된 메
손(전통 주점)이 몰려 있는 길에는 좁은 골목을 따라 맛집들이
줄지어 있다. 스페인에서의 마지막 밤을 보내기에 이만큼 더 좋
은 동네가 있을까?
바르셀로나 몬주익 공원의 화려한 음악 분수 쇼도 잠시 멈추어
서서 보고 떠나면 별 것 아닌데 자리를 잡고 앉아 음악 테마별
로 변화하는 분수의 향연을 지켜보고 있노라면 이 보다 더 낭만
적일 수 없다고 느껴진다. 이렇게 밤에 익숙해질수록 스페인에
서의 마지막 밤이 부디 더디게, 아주 더디게 왔으면 하는 바람
이 들곤 했다.

여행 TIP

참을 수 없는 유혹,
먹는 즐거움

방금 전에 지나온 길을 되돌아가고 있는데 골목의 모든 상점들이 일제히 셔터를 내리기 바쁘다. 와인, 치즈, 신발, 액세서리 가게 주인들이 모두 일사불란하게 문을 닫고 자전거나 오토바이를 타고 골목길을 빠져나간다. 무슨 일이라도 일어난 것일까? 대도시의 대규모 상점들은 시에스타 중에도 문을 닫지 않지만 작은 시골 마을의 시내는 이 시간만큼은 황량하기 그지없다. 우리나라라면 한창 일할 시간인 오후 두 시 정도면 가게들은 문을 닫고 기나긴 점심 휴식에 들어간다. 점심을 먹고 낮잠을 자는 시간인 시에스타가 도시 한복판에서 지켜지고 있다는 사실이 신기했다. 여름 한낮의 무더위 때문에 일의 능률이 오르지 않으니 휴식을 취하고 충전해 일을 하자는 취지는 좋은데 상점과 관공서, 여행자 안내센터까지도 모두 문을 닫으니 여행객은 골탕 먹기 일쑤다. 아무것도 남아 있지 않은 골목을 무더위에 지친 발걸음으로 오가는 것도 관광객뿐이다. 스페인 사람들은 빵과 와인 등을 사들고 집으로 향하거나 점심을 먹기 위해 레스토랑으로 향한다.

하루 다섯 끼를 먹는 스페인 사람들이 대식가라고 생각했던 것은 착각이었다. 눈을 뜨자마자 간단한 커피 한잔을 마시고 늦은 오전에 일터나 바르, 카페에서 모두 보카디요로 데사유노(Desayuno), 즉 아침 식사를 즐긴다. 바게트 빵에 햄, 치즈, 하몬, 베이컨 등을 각자의 취향에 맞게 넣은 보카디요나 크루아상과 머핀 같은 빵 또는 스페니시 오믈렛 토르티야, 커피 또는 주스를 먹는다. 늦은 아침을 먹기에 본격적인 점심은 오후 두 시나 그 이후에나 시작된다.

점심 후 갖는 시에스타를 제대로 알지 못했을 때에는 긴 점심 시간을 가지는 스페인 사람들이 게으르다고 생각했다. 그런데 막상 생활해 보니 기나긴 점심 시간이 주는 여유가 하루를 지탱하는 힘이 된다. 점심 시간이 되면 모든 일이 끝나고 시내의 가게들도 문을 닫기 때문에 개인 볼일을 볼 수 없다. 햇볕이 가장 뜨거운 시간이기 때문에 굳이 이 시간에 돌아다닐 이유도 없다.

두 시 전에 장을 봐 오고 점심을 같이 먹을 사람들과 재료를 다듬고 테이블 세팅을 한다. 식판과 냅킨, 와인 잔과 포크와 나이프 등을 세팅하는 것은 요리하지 않는 사람의 몫이다. 준비된 음식과 음료를 곁들여 천천히 이야기를 나누며 식사를 하다 보면 한 시간은 훌쩍 지나간다. 와인이라도 한 잔 마셨다면 식사 후의 낮잠은 단잠이 된다.

행복한 점심 시간

스페인 여행 초반에는 혼자 식당에 가는 게 익숙하지 않았다. 런던이나 뉴욕 같은 대도시에서처럼 패스트푸드 전문점이 눈에 잘 띄지 않았다. 기껏 찾아 낸 곳은 케밥이나 조각 피자 등을 파는 곳이지만 그것도 하루 이틀이지 마음에 내키지 않았다. 레스토랑에 가면 모두 삼삼오오 둘러앉아 이야기를 하며 마치 저녁 식사하듯 점심을 먹고 있었다. 혼자 여행을 하니 레스토랑에 가서 벽을 바라보고 밥을 먹는다는 게 서글프고 밥을 함께 먹던 친구들도 그리워졌다.

그러다가 어느 순간 스페인의 점심 시간에 적용되는 메뉴인 델 디아에 대해 알게 되었다. 쉽게 설명하자면 '오늘의 요리'나 '런치 세트' 정도이다. 저녁이면 서너 배의 돈을 내고 먹어야 하는 음식이 점심 시간에는 세트 가격으로 제공된다. 대부분 10유로 이내로 즐길 수 있는 코스 요리인데 빵과 와인 또는 음료, 애피

타이저와 메인 요리, 디저트가 포함된다. 한국에서는 한 접시에 수만 원인 스페인, 이태리, 프랑스 음식을 코스로 이 가격에 맛볼 수 있다니. 코스별로 각 메뉴에서 입맛에 따라 고를 수 있으니 선택의 폭도 넓다. 그 뒤로는 점심에는 무조건 델 디아를 먹으러 다녔다. 로컬 맛집, 현지인들이 사랑하는 곳, 호텔 식당, 새로 생긴 곳 등 너나 할 것 없이 모두 점심에는 적당한 가격의 세트 메뉴를 내 놓으니 여행자에게는 점심 때만 즐길 수 있는 호사였다.

어느 날, 따뜻한 가정식 요리가 그리웠고 호스텔 주인도 자주 간다는 동네 밥집을 찾아 나섰다. 낡고 오래된 건물, 낮인데도 어두컴컴해 보이는 실내. 들어갈까 말까 잠시 망설였다. 자리를 안내해 주는 웨이터를 따라 좁은 입구를 통과하자 50명은 족히 앉을 수 있을 만한 넓은 홀이 나타났다. 스페인에서는 외관만 보고 레스토랑과 숍의 규모를 짐작할 수 없다.

테이블마다 손님들로 가득 차 있었고 곁눈질로 보니 음식들이 모두 맛있어 보였다. 깨끗한 테이블보 위에 스푼, 포크, 나이프와 와인 글라스, 유리컵이 가지런히 세팅되어 있다.

예순 정도로 보이는 웨이터가 홀을 담당하고 있었는데 메뉴판을 가져다주길 기다렸다. 굳이 손짓을 하거나 소리를 내서 부를 필요가 없다. 식당 웨이터들은 대부분 평생 이 분야에서만 일하기 때문에 서빙에 대해서는 전문가다. 손님이 왔고 첫 번째 음식이 나갔고 두 번째 음식을 기다리고 있다는 것, 테이블을 치워야 하고 스푼을 가져다 줘야 한다는 것까지 개개인의 작은 주문까지도 놀랄만큼 정확하게 기억한다. 단, 본인들의 볼일을 차례대로 마친 후에 다음 순서의 일을 하기 때문에 손님의 입장에서는 기다림을 감내해야 한다. 정말 급할 경우에는 눈치를 줄 수도 있지만 급할 게 없는 스페인에서는 그런 일도 잘 일어나지 않는다. 먹기 위해 음식을 기다리고 재촉하기 보다는 함께 온

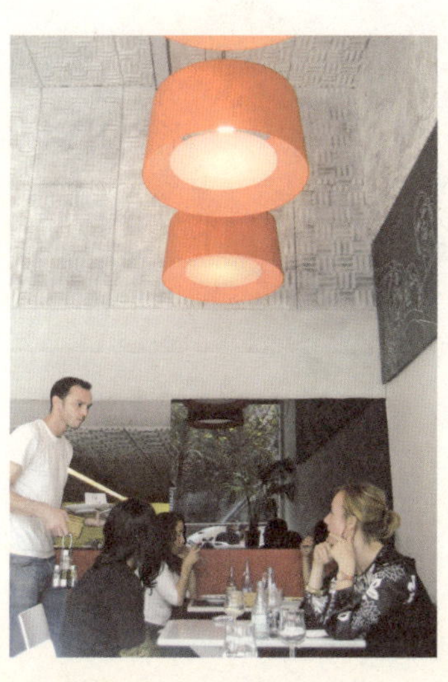

일행과 대화를 하며 그 시간을 즐기고 웨이터의 시간도 존중해
주고 기다려 준다.

메뉴판을 손님에게 준 후 주문을 받고 빵과 음료를 서빙하고 애
피타이저를 내온 뒤 다시 테이블을 치우고 메인 요리를 가져오
고 와인 잔을 채워 주고 디저트와 커피 주문까지 받는 등 테이
블당 웨이터가 적어도 열 번 이상은 오는 것 같다. 그래서 웨이
터가 테이블을 찾아 올 때마다 음식에 대한 칭찬을 아끼지 않아
야 한다. 그릇을 치울 때는 고맙다는 인사를 하고 접시가 바뀔
때 음식이 아주 맛있다는 답례를 하다 보면 더 나은 서비스 보
장은 물론이거니와 식사 시간도 즐거워진다. 정말 고마운 서비
스를 받았을 때는 팁을 남겨 고마움을 표현하는 것은 전혀 아깝
지 않은 마음의 여유다.

친절한 웨이터를 만났거나 혹은 맛있
는 음식 덕분에 기분이 좋아졌다면 동
전을 팁으로 남겨 주자, 서비스에 대한
배려이다.

스페인 친구의 식사 초대

음식은 밝은 햇살이 쏟아지는 테이블 위에서 사랑하는 사람들과 함께 나눌 때 더 맛있는 법이다. 스페인을 떠나던 날, 스페인 친구의 주말 가족 모임에 초대를 받았다. 토요일 점심시간에 맞춰 세르지오의 집을 방문한 시간은 오후 한 시경. 우리는 정원에 앉아 와인, 샹그리아(Sangria)와 함께 하몬, 초리소, 치즈를 먹으면서 본격적으로 시작될 점심을 준비했다.

스페인은 와인 생산량이 세계 3위이고 가격 대비 와인의 맛과 향이 좋다. 특히 그날은 테이블 위에 다양한 와인이 준비되어 있었다. 스페인의 유명한 와인 산지 리오하(Rioia)와 아라곤 지방의 와인, 리베라 델 두에로(Rivera del Duero) 등이 마련되어 있어서 취향껏 골라 먹을 수 있었다. 더구나 여자들을 위해 따로 준비한 달콤한 샹그리아까지 있으니 한 모금 두 모금에 분위기는 화기애애해졌다.

요리를 준비하고 테이블을 세팅하고 음식을 나르는 일을 온 가족이 함께했다. 할머니는 가스파초를 만들고 할아버지는 테이블 세팅을 담당했다. 세르지오는 부엌에서 하몬과 초리소를 잘라 내오고 어머니는 정원에서 장작을 태워 불을 피워 파에야 판을 달구고 있었다. 일요일에 가족 모임에 주로 먹는 파에야(Paella)를 만들어 주시려고 대형 파에야 판을 준비하신 것이다. 스페인 젊은이들은 어릴 때부터 독립해 부모님과 떨어져 살기 때문인지 주말이면 가족이 모여 점심을 다 함께 먹는 게 일반화된 것 같다. 일주일에 한 번 테이블 위에서 풍성한 음식을 나누며 가족간의 사랑을 굳건히 다진다. 세 시에 시작된 점심시간의 끝은 보이지 않았고, 버스 시간에 맞춰 일어나지 않았더라면 그 날의 행복한 식탁은 저녁까지도 계속 이어졌을 것이다. 여행길에 아무런 대가 없이 가족이 식사하는 따뜻한 시간에

초대해 주고 음식을 대접해 준 고마운 스페인 사람들. 마드리드에서 알게 된 조니의 가족은 3일간 소박하고 검소한 밥상을 준비해 줬다. 지역 특산물로 만든 다양한 해산물이 매일 식탁에 올라왔고 식사 전 아버지의 즉흥 기타 연주에 맞춰 어머니와 조니 여동생의 즉석 플라멩코 공연도 볼 수 있었다. 매번 식사 때마다 부엌에서 한 가지 이상의 요리를 함께 준비하는 조니 아버지를 본 것은 오래도록 기억에 남는다.

스페인 친구 헤사는 크리스마스에 온 친척이 함께 모여 먹는 점심 식사에 대해 얘기해 줬다. 오후 두 시에 시작된 점심은 일곱 시까지 계속 된다고 했다. 어머니가 만든 음식과 초대된 친척들이 만들어 온 디저트를 함께 나누고 노래를 부르고 게임을 하고 음악에 맞춰 춤을 추며 크리스마스 오후를 온 가족이 함께 모인 식탁에서 보내는 것이다. 점심을 먹고 바로 저녁 식사를 시작할 정도로 오랫동안 계속되지만 늘 따뜻한 시간이라는 것은 의심할 여지가 없다.

스페인 사람들에게는 음식으로 배를 채우는 것보다 사랑 가득한 음식을 누구와 함께 나누느냐가 중요한 것 같다. 그들과 음식을 나누면서 이방인에 대한 관대함도 느낄 수 있었다. 햇살 넘치는 테이블 위에 곱게 세팅 된 나이프와 포크, 올리브 향이 가득한 스페인의 식탁. 그들에게는 평범한 식탁이겠지만 그 맛을 본 사람에게는 언제나 그립고 부러운 것 중 하나다.

스페인 사람들은 주로 주말에 가족과 함께 모여 긴 식사를 즐긴다.

여행 TIP

스페인 음식은 한국인 입맛에 잘 맞는다. 메뉴 델 디아 식단을 잘 활용해 로컬 레스토랑에서 점심을 맛보며 스페인의 음식 문화를 체험해 볼 것을 추천한다. 여행 중에 만난 현지인이나 머무는 숙소에 현지인들이 자주 찾는 동네 맛집과 밥집을 물어 보는 것도 방법이다.

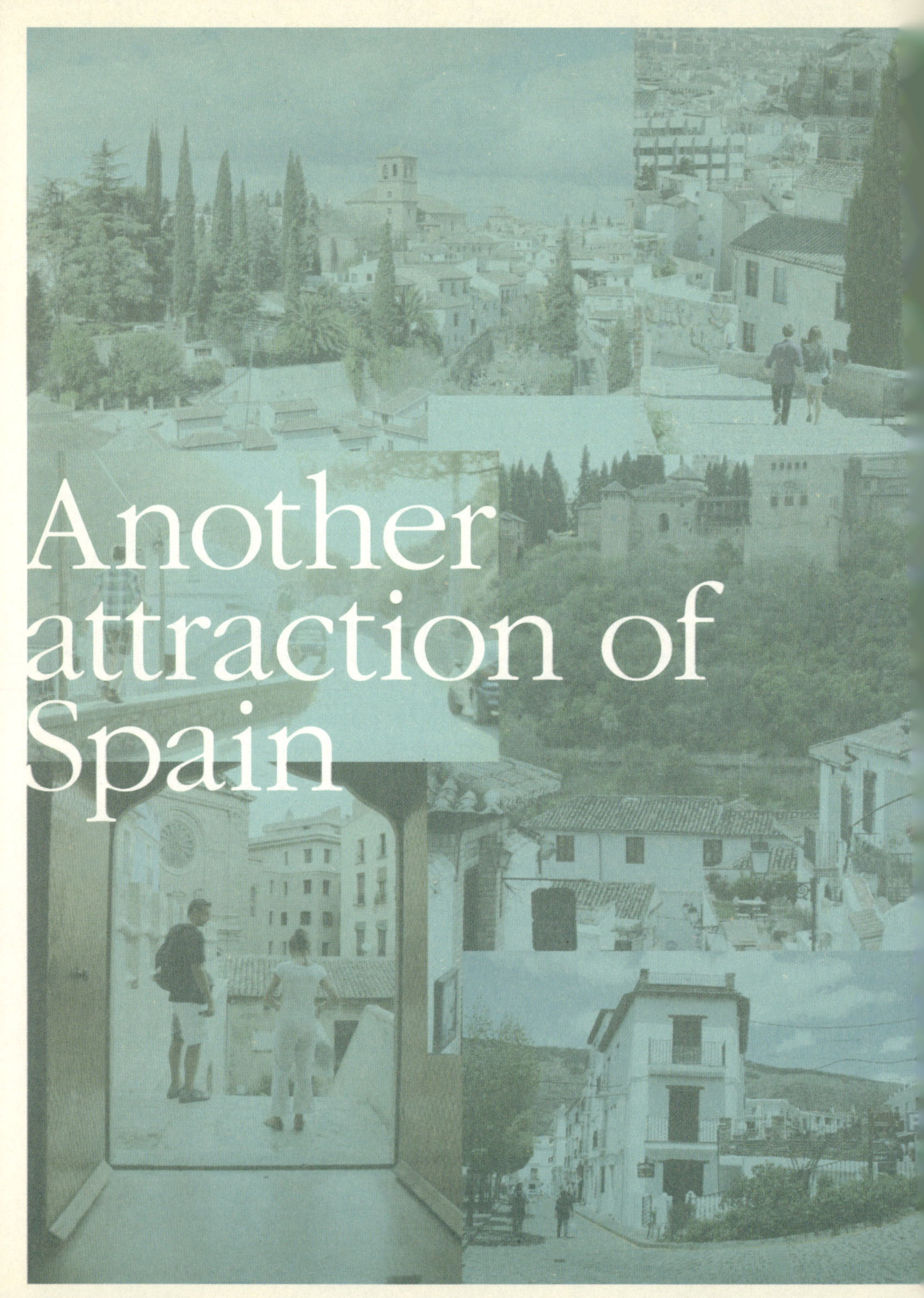

Another
attraction of
Spain

PART 6

또 다른
스페인을 만나다

스페인의 진면목을 느끼려면 다양한 지역을 경험해야 하는데 특히 안달루시아를 추천한다.
클래식 기타의 선율, 인심 후안 무료 타파스, 골목골목 흘러나오는 플라멩코, 까무잡잡한
피부의 흑색 머릿결을 가진 아름다운 아가씨들을 만날 수 있는 곳으로 아랍 문명과 가톨릭
문화의 융합을 느낄 수 있다. 배만 타면 다녀 올 수 있는 모로코도 놓치지 말자.

이슬람 왕국의 흔적,
안달루시아

작열하는 스페인의 태양은 일 년 내내 계속될 줄 알았다. 그런데 가을을 알리는 비가 몇 차례 쏟아지고 해가 짧아지면서 밤낮으로 싸늘한 바람이 불기 시작한다. 드디어 따뜻한 남쪽, 지중해를 품은 휴양 도시와 이슬람 문화유산을 볼 수 있는 안달루시아 지방으로 해를 찾아 떠날 때가 된 것이다. 11세기 유럽 최고의 이슬람 도시 코르도바 주(Córdoba), 안달루시아의 보석 '알람브라 궁전'이 있는 그라나다 주, 피카소의 고향 말라가 주(Málaga), 흰색의 절벽도시 론다(Ronda), 스페인에서 네 번째로 큰 도시 세비야 주, 바다가 있는 카디스 주(Cadíz) 등을 큰 동선으로 잡고 현지에서 정보를 얻어 그 주변의 시골 마을을 돌아보기로 결심했다.

안달루시아로 떠나는 날, 마드리드에서 버스를 타고 7시간 거리에 있는 그라나다 주를 첫 목적지로 정했다. 장시간의 버스 여행이 지겹게 느껴질 수도 있지만 머나먼 길을 떠나는 로드 무비의 주인공처럼 근사한 기분이 들기도 했다. 책을 읽다가 지루할 때면 끝없이 계속되는 창밖의 올리브 밭 풍경을 바라보기도 하고 차가 어둠 속을 달릴 땐 조용히 눈을 감기도 했다. 휴게실에 멈춰 설 때는 군것질을 하고 차 안에서 두세 시간의 낮잠을 자면 금방 목적지에 도달한다.

물론 이것은 이 글을 처음 쓴 이십대였을 때나 가능한 이야기다. 그 후 5년이 지난 지금, 장시간 버스 여행을 가려는 사람이 있다면 무조건 말린다. 혹시 마드리드와 그라나다 구간의 10시간의 야간열차라도 타는 관광객이 삼십대이거나 굉장히 피곤한 직장 생활을 하다가 짧은 휴가를 온 경우라면 후회할 것이라는 악담까지 쏟으며 만류한다. 여행을 함에 있어도 나이별

Hotel
Hosteria
del Laurel

로 적당한 때가 있는 법. 예전만큼 겁 없이 덤벼들고 몸을 혹사
시키며 여행하는 것이 지금은 불가능할 뿐 아니라, 몸이 지치면
결국 여행이 극기 훈련이 되어 버린다는 것을 알게 되었다.

대륙의 끝, 안달루시아

지브롤터 해협을 끼고 아프리카와 유럽 대륙을 연결하는 스페
인 남쪽 안달루시아는 지리학적 위치 때문에 끊임없이 외세
의 침입을 받아 온 곳이다. 7~8세기에 세력 확장에 열을 올렸
던 이슬람 세력은 이베리아 반도까지 진출해 수백 년간 남쪽을
지배하고 머물렀으며 이슬람 문명의 흔적을 스페인 남부 지역
에 뿌리내렸다. 그 후 10~11세기경 레콩키스타로 가톨릭 왕
국들은 이슬람 세력을 몰아냈고, 유일하게 남아 있던 그라나다
왕국도 1429년에 되찾으면서 다시 이베리아 반도 전 지역을
가톨릭 세력이 장악한다.

안달루시아는 유럽이면서도 전혀 다른 유럽의 모습을 풍겨 스
페인의 북부와 카탈루냐 주에서는 절대 느끼지 못했던 또 다른
스페인의 풍경을 마음껏 누릴 수 있다. 산 속에 알알이 박힌 하
얀 집들, 골목에서 들려 오는 플라멩코 음악, 거리의 기타 연주
자들, 로드 숍에서 쉽게 볼 수 있는 플라멩코 의상들. 그리고 아
프리카 모로코인들의 왕래가 잦은 만큼 아랍의 가죽 신발과 가
방, 차, 향신료 등 다양한 생활용품까지도 쉽게 구할 수 있다.

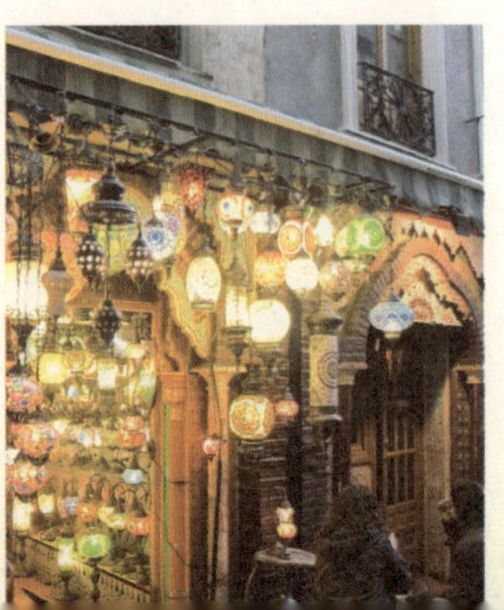

그라나다 곳곳에서 만날 수 있는 아
랍 상점들. 저렴하게 좋은 가죽 제품
등을 구입할 수 있다.

RESTAURANTE
"LA CUEVA"

이슬람 왕조의 후퇴, 가톨릭의 알람브라 궁전 정복

이슬람 왕조의 마지막 도시 그라나다는 슬픔의 도시다. 아라곤 지방의 페르난도 왕자와 가스티야 레온(Castilla y León) 지방의 이사벨 여왕은 결혼을 통해 최초로 스페인을 통일했고 남쪽으로 지배 세력을 확장하며 그라나다를 점령했다. 이슬람 나사리 왕조의 마지막 왕 보압딜은 그라나다의 알람브라 궁전에서 쫓겨나며 한없는 눈물을 흘렸다. "나라를 빼앗기는 것보다 알람브라를 빼앗기는 것이 더 가슴 아프다."라고 말하며 그라나다를 등지고 떠났을 왕의 심정은 비통했을 것이다. 그래서 그라나다 시내 곳곳에는 이슬람 마지막 왕조의 슬픔이 서려 있는 것 같았다.

시내 중심 어느 곳에서나 알람브라 궁 뒤로 넓게 펼쳐진 시에라 네바다 산맥이 보인다. 만년설이 쌓여 있는 산답게 아무리 무더운 여름에도 서늘해 보이는 하얀 띠가 산 위를 한겹 감싸고 있다. 겨울에는 산맥에서 불어오는 매서운 바람이 그라나다 도시를 뒤덮어 그 어느 곳보다 혹독한 겨울을 맛보게 해 준다. 아랍어로 '붉은 성'이란 뜻을 가진 알람브라 궁전이 멀리서 눈에 들어왔다. 페르난도와 이사벨 여왕도 그라나다 점령 당시 알람브라 궁전에 매료되어 공격하지 않고 스스로 항복할 때까지 기다렸다는 일화가 있을 정도로 아름다운 궁이다. 하루 입장 관광객 수를 제한하기에 사전 예약은 필수다. 아니면 이른 아침 줄을 서서 당일 한정 판매 티켓을 구매해야 한다. 알람브라 궁전 안의 이슬람 왕조가 지은 알카사르와 나사리 왕궁, 헤넬리페 공원까지 돌아보는 데 시간을 넉넉하게 잡는 게 좋다.

왕궁의 모든 공간은 화려한 아라베스크 무늬로 가득 차 있다. 자세히 들여다볼수록 한 치의 어긋남 없이 정교하고 세밀하게 조각된 문양의 치밀함이 놀랍다. 외관은 투박해 보이는 벽돌을 쌓아 올린 아랍 양식의 건축물인데 내부에는 치명적인 아름다

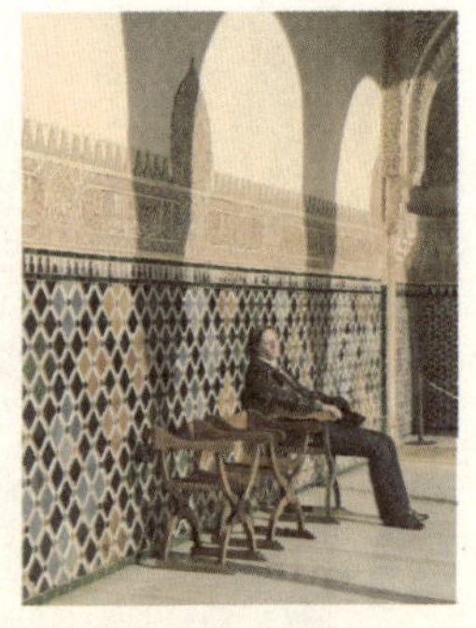

안달루시아 알람브라 궁전의 아라베스크 무늬.

움이 숨겨져 있다. 어느 곳에 시선을 던지든 회랑과 푸른 정원, 코발트 빛 연못이 만들어내는 절묘한 조화에 마음 깊은 곳으로부터 감탄이 나온다. 아! 천국 같이 아름다운 이 땅에서 이슬람 사람들은 어떻게 돌아설 수 있었을까.

그라나다에서 알람브라의 감동을 가슴에 품고 세비야로 향했다. 예상보다 안달루시아에서의 일정이 길어진 것은 이 지역에만 있는 매력 때문이었다. 아름다운 자연의 고요함, 시골 사람들의 인정 넘치는 푸근함, 그리고 남부에서만 느낄 수 있는 스페인의 고유 색은 여행자의 발길을 사로잡기에 충분하다.

세비야는 스페인 이사벨 여왕의 후원으로 아메리카 신대륙을 발견한 콜럼버스가 항해를 시작한 도시이다. 콜럼버스의 시신이 안치된 거대한 고딕 양식의 대성당과 알카사레스 궁전, 히랄다 탑을 둘러보고 발길 닿는 대로 걷다가 막다른 골목에 접어들었다. 울퉁불퉁한 돌바닥, 하얀 벽에 줄지어 있는 창문에 장식으로 걸어 놓은 화분들 속 꽃이 만발했다. 열린 문틈 사이로 보이는 집 안뜰, 아름다운 문양이 그려진 세라믹 화분에 정성스럽게 가꾼 꽃과 식물이 가득하다.

집안 중앙의 넓은 안뜰 파티오가 너무나 잘 관리되어 있었다. 조각 타일로 벽면은 촘촘히 채워져 있었고 화려한 컬러와 그림으로 장식된 테이블과 의자가 다분히 이국적이고 스페인스러웠다. 문 밖에서 기웃거리며 돌아가려고 하는데 어디선가 나타난 주인이 활짝 웃더니 들어와서 구경하라고 손짓을 하신다. 파티오가 예뻐서 보고 있었다는 말에 아저씨는 더 흥이 나서 파티오 구석구석을 소개해 주신다. 안달루시아 사람들과 친해지려면 파티오를 칭찬하라는 말이 있다고 하는데 우연찮게 직접 경험한 순간이었다.

세비야의 골목골목을 탐험해 보자. 반쯤
열린 대문 사이로 아름다운 파티오와 작
은 정원들을 마음껏 감상할 수 있다.

오래된 집을 직접 수리한다는 아저씨는 꽃과 식물, 연못 관리를 위해 매일매일 시간을 보내는데 끝이 안 보인다며 너스레를 떠신다. 삐거덕거리는 의자를 수리하고 발코니와 테이블을 칠하고 가구에 꽃을 직접 그려 넣으신단다. 소유한 물건을 끝까지 보살피며 직접 관리하는 스페인 사람들의 검소함이 느껴진다. 테이블과 의자 속 꽃이 지금이라도 흐드러지게 피어날 것 같다고 두 손을 치켜세우자 안달루시아에 온 것을 환영한다며 소리쳐 가족을 불러 모은다. 또 한 번 따뜻하고 유쾌한 안달루시아 사람들의 친절을 느낀 오후였다.

세비야에서의 마지막 밤을 아쉬워하며 안달루시아의 마지막 종착지 코르도바(Cordoba)로 향했다. 코르도바는 이슬람 세력이 이베리아 반도에 들어와 세운 첫 도시다. 10세기경에는 인구 천만 명이 거주하며 세계 3대 도시로 손꼽힐 정도로 이슬람 문화가 부흥했던 곳이다. 첫인상은 여느 도시와 다를 바 없이 아담했을 뿐 인구 천만 도시로서 번영했던 흔적은 찾아볼 수 없었다. 예전의 명성을 뒤로 감춘 도시의 중심에 웅장한 메스키타가 자리잡고 있을 뿐이었다. 화려한 사원만이 막강한 권력과 부를 누렸을 아랍인들의 모습을 그려 보게 한다.

어두컴컴한 실내에 들어서니 까마득히 높은 천장과 말발굽 모양의 아치형 기둥이 눈에 들어왔다. 적색과 백색의 벽돌을 교차시켜 짜 맞춘 문양은 육안으로 구분할 수 없을 정도로 정교해서 마치 그려놓은 듯했다. 수많은 아치는 어느 방향에서 봐도 겹치는 것 하나 없이 시원하게 늘어서 있다. 그 아름다움에 정신을 빼앗겨 둘러 보니 어느새 가톨릭 성당 한가운데 서 있었다. 분명히 이슬람 사원에 들어왔는데 순간 멈칫했다. 꼭 뭔가에 홀린 것만 같았다.

알고 보니 이슬람 사원의 일부분을 레콩기스타 이후 가톨릭 성
당으로 개조한 탓에 한 건물 안에서 두 가지 양식을 볼 수 있었
던 것이다. 이슬람 양식의 아치 기둥이 자연스레 가톨릭 성당
의 부조 장식으로 변하고 어느 틈엔가 고딕 양식의 높은 지붕
이 불쑥 나타난다. 이슬람 사원을 파괴하지 않고 그 중심에 가
톨릭 성당을 재축조한 것은 높이 평가할 만하지만 그 부조화에
고개가 갸웃거렸다. 건물 개조를 허락했던 카를로스 5세도 이
곳을 찾은 뒤 "어디서나 볼 수 있는 건물을 짓기 위해 이곳에만
있는 건물을 망쳐놓았다."라며 후회했다니 그럴 만도 했다. 그
러나 결과적으로 이슬람과 가톨릭 양식의 혼재라는 어디에도
없는 유일한 건축물을 탄생시킨 것은 사실이다.

유럽에 있다는 사실을 잠시 잊게 한 이슬람 문명의 흔적들. 세계 문화유산에 등재된 유적지, 메스키타, 망국의 한이 맺힌 알람브라 궁전을 뒤로 하고 다시 마드리드행 버스에 몸을 실었다. 마지막일 것 같아 아쉬웠던 안달루시아 여행이었다.

여행 TIP

안달루시아의 대표 도시들만 여행하고 떠나기에는 도시 주변의 때묻지 않은 작은 마을들이 굉장히 아름답다. 그라나다에서는 주변 알프하라(Alpujarras) 마을을 방문하고 말라가 주변에서는 코스타 데 솔(Costa de Sol)의 해안가 마을에서 쉬어 가자. 내륙인 론다를 찾았다면 주변 안테케라, 아르코스 데 라 프론텔 등의 하얀 집으로 가득한 시골 마을도 방문해 보자. 가는 곳마다 안내센터가 있어 지도와 근교 마을에 대한 다양한 정보를 얻을 수 있다.

HOSANNA
EXCELSIS

성당이 있는 풍경,
가톨릭 국가 스페인

길 끝자락에 십자가가 보이면 발걸음은 더욱 빨라졌다. 여행 초반에는 성당을 찾는 데 열심이었다. 어느 도시에 가든 기차나 버스에서 내리면 시내 중심부를 찾아야 하는데 이때 기준이 되는 곳이 성당이나 광장이다. 마을이 성당을 중심으로 광장을 끼고 발전했기 때문에 성당만 찾으면 자연스레 시내 중심지에 들어서게 된다.

스페인을 처음 여행했을 때는 성당을 찾으면 그 문을 열고 들어가는데 열심이었다. 좁은 창문으로 희미하게 새어 들어오는 빛과 조용한 성가 사이로 은은하게 퍼지는 향내, 인자한 미소의 마리아상과 십자가를 짊어진 고통스러운 표정의 예수상도 만났다. 사람의 손길과 세월에 반질반질해진 조각상들을 둘러보고 잠시 의자에 앉아 숨을 고르며 쉬어가기도 많이 했었다. 그런데 어느 순간부터 성당이 다 똑같아 보이는 경지에 이르렀다. 스페인 3대 성당이나 세계에서 몇 번째로 큰 성당이나 하물며 왕과 왕비의 무덤을 간직한 성당이라고 해도 가는 도시와 가는 마을마다 성당이 몇 개씩 있는 스페인에서는 당연한 일인지도 모른다.

인구의 절반은 가톨릭

스페인 사람들에게 종교는 삶에 깊이 개입되어 있는 일상의 한 부분이다. 가톨릭 국가로 자리잡기 위해 스페인은 수백 년간 이슬람교에 대적하며 끊임없이 많은 희생을 감수했고, 근세 이후 유럽의 가톨릭을 수호하는 데 중심적인 역할을 해 왔다. 8세기에 걸친 투쟁 끝에 이슬람 세력을 몰아냈고, 중남미 신대륙에도 가톨릭을 전파시켰다.

오늘날에는 분명히 종교의 자유가 있지만 "종교가 뭐니?" 하는 질문에 스페인 사람들의 90% 이상은 가톨릭이라고 대답한다. 다만 가톨릭이라 대답한 상당수가 성당에 나가지 않는다는 것이다. "그럼 성당에 언제 가?" 하고 물으면 왜 그런 엉뚱한 질문을 하냐는 표정으로 쳐다본다.

스물일곱의 소냐는 태어날 때 성당에서 세례와 첫 영성체를 받고 자연스레 가톨릭 신자가 되었지만, 결혼식이 있을 때나 성당에 간다고 했다. 실제로 토요일이면 시내 중심지의 성당에서 결혼식을 올리는 모습을 꽤 볼 수 있다. 신부보다 더 화려한 드레스를 입고 하이힐을 신은 하객들이 성당 주변을 배회한다. 식후에는 성당 앞에서 신랑신부에게 부유를 기원하고 자식을 많이 낳으라는 의미로 쌀 세례를 주는 모습도 종종 볼 수 있다.

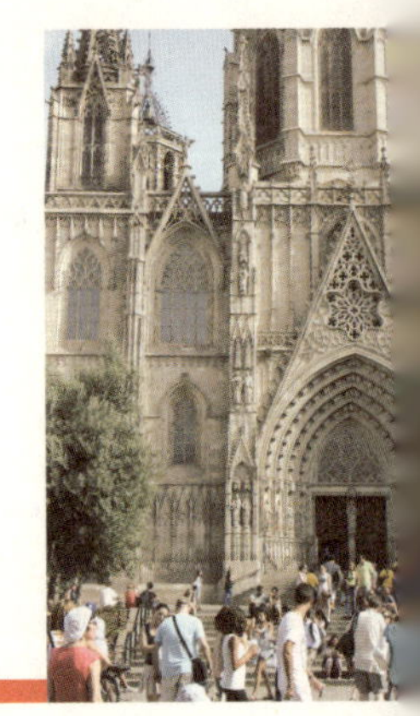

스페인에서 성경을 읽고 기도하는 실천적인 종교인은 찾아보기 힘들다. 성당은 비어 있고 빈 좌석을 채우는 건 노인들뿐이다. 신의 존재를 인정하되 개인이 즐겁고 성스럽게 사는 삶, 그것이 이곳의 젊은이들이 생각하는 종교가 아닐까.

나는 여행 중에도 수시로 성당을 찾았다. 성당 안으로 들어서는 순간 장중하게 울려퍼지는 감미로운 성가와 흔들리는 촛불은 언제나 경건하고 거룩하게 느껴진다. 내리는 비를 피해 뛰어 들어간 부르고스의 대성당에서는 내부에 소장된 미술품들을 보는 데만도 2시간이 걸렸다. 로마 바티칸의 성 베드로 성당, 런던의 세인트 폴 성당 다음으로, 세계에서 세 번째로 큰 성당인 세비야의 성당에서는 특별 저녁 미사에 참석해 감동을 받은 적도 있다. 1500년 당시의 모습을 고스란히 간직한 톨레도의 골목길에서는 길을 잃고 헤매다가 노을이 내려앉은 아름다운 대성당의 모습을 감상할 수 있었다.

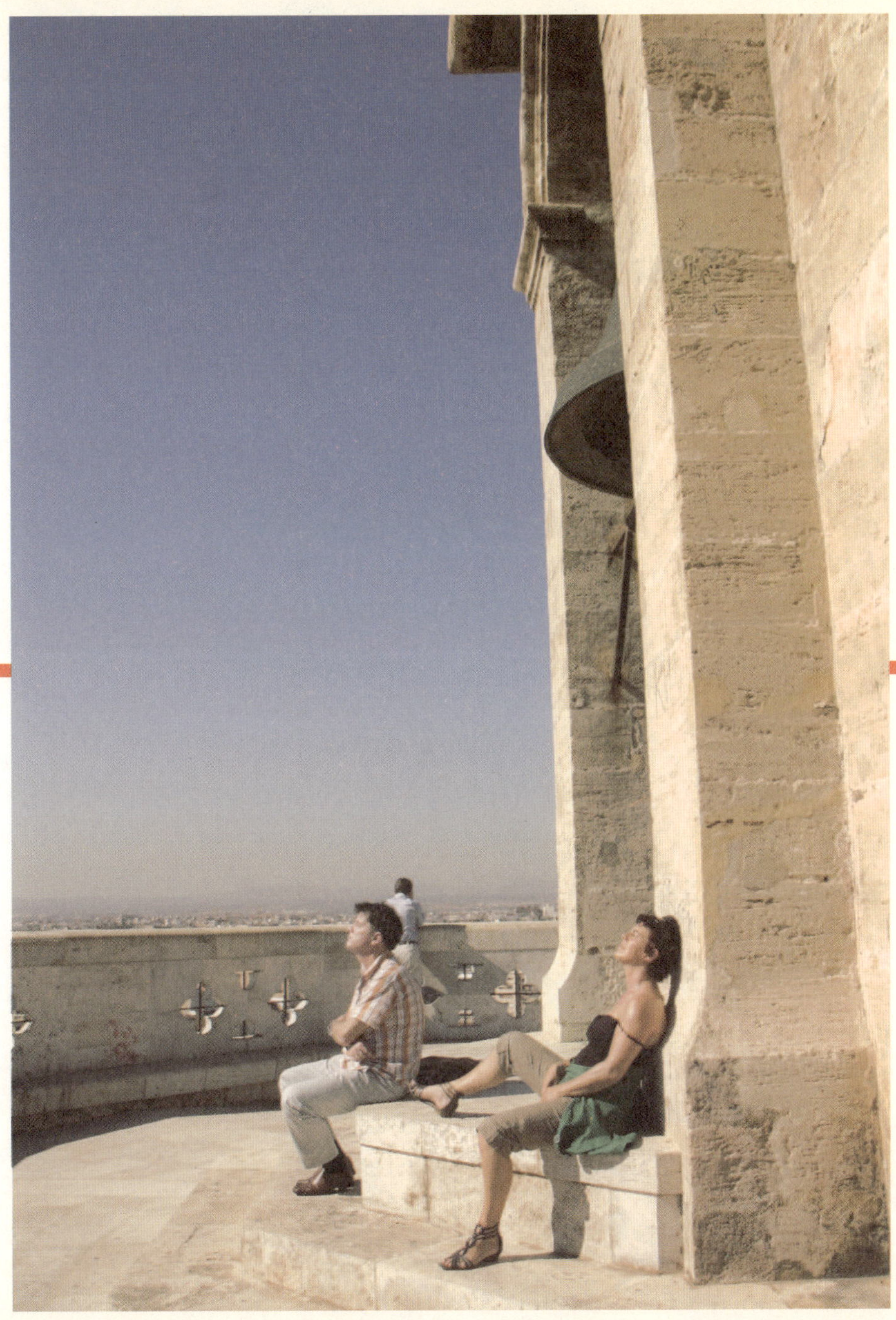

너무 많은 성당을 봐서 감흥이 사라진 어느 날, 오랜만에 발렌
시아의 대성당에 들어갔다. 첨탑 꼭대기 전망대 종루에 소수의
사람만이 머물러 있었다. 구 시가지의 중심지에서 제일 높은 곳
에 올라 도시 전체를 내려다보고 있으니 신과 가까이 있는 것처
럼 느껴졌다. 전망대 한쪽 벽에 등을 기대고 앉아 햇볕을 쬐며
가장 편하고 달콤한 단잠을 잤던 기억이 난다.

스페인의 마을 축제도 모두 가톨릭 성인을 기념하는 것에서 출
발한다. 발렌시아의 불꽃 축제는 성 요셉을 기념하고, 팜플로냐
의 산 페르민 축제도 역시 성자 페르민을 기념하는 축제다. 마
을마다 숭배하는 성인이 다르니 전해 내려오는 전설도 각양각
색이다.

바르셀로나에서 가까운 몬세라트(Monserrat)의 산타 코바 동
굴에 있는 검은 마리아상을 보기 위해 찾아온 사람들의 모습은
거룩하고 진지했다. 아무리 위치를 바꿔도 나를 쳐다보는 신비
한 눈동자를 가진 마리아상 앞에서 눈물 흘리며 기도하던 사람
들의 모습은 숭고해보였다. 그러다 보니 일 년 중 가장 긴 휴일
인 부활 주일, 세마나 산따를 맞아 스페인 전역은 들썩일 수밖
에 없다. 예수님 부활 전 일주일간의 고난 주간 동안 성경을 토
대로 당시의 상황을 재현하여 같은 시간에 매일 장엄한 의식이
펼쳐진다. 일 년에 한 번 마을의 마리아상과 예수상이 성당 밖
으로 나와 도심을 행진하는 날이기도 하다. 세마나 산따의 기념
행렬은 안달루시아 지역이 화려하고 유명하다고 해서 안달루
시아의 엘 푸에르토 데 산타 마리아(El Puerto de Santa Mariz)
에서 며칠 묵으며 지켜보기로 했다.

세마나 산따 첫날, 수호상 행렬을 보기 위해 정성스럽게 차려입
은 마을 주민들이 성당 주변에 모여들기 시작했다. 예수상과 마
리아상이 지나가기 전, 고깔모자를 눌러 쓰고 눈만 내놓은 페니
텐테의 행렬이 시작됐다. 수호성인을 높이고 내 모습은 철저히

스페인에는 가톨릭 성인을
기념하는 축제가 많다.

낮추기 위해 모든 것을 가린 복장이라고 한다. 길게 이어지는 성대한 행렬은 내 평생 처음 본 아름답고 감동적인 행렬이었다. 웅장하고 커다란 빛을 발하는 아름다운 마리아상이 등장하면서 소란스러움은 없어지고 장엄한 분위기가 감돌았다. 서른다섯 명 정도의 남자들이 수호상을 어깨에 둘러메고 행진하는 동안 마리아상은 아름다운 장미 다발에 파묻혀 온화한 미소로 사람들을 내려다본다. 덮개로 가린 동상 안에 들어간 사람들은 캄캄한 어둠 속에서 방향을 제시하는 소리만 듣고 종종걸음으로 수백 킬로미터에 해당하는 동상을 들고 행진해야 하기 때문에 힘든 여정이다. 행렬이 짧게 이동하고 멈추고 다시 이동하다가 멈출 수밖에 없는 이유다.

행렬이 지나갈 때 동상에 한 번이라도 눈을 마주치기 위한 애절한 눈빛을 보며 처음으로 스페인 사람들의 종교에 대한 믿음과 갈망을 느낄 수 있었다. 수호상이 앞을 스쳐 지날 때 낮은 목소리로 기도문을 읊조리며 십자가를 그리던 노부인은 짙은 애탄의 한숨을 내뱉기도 했다. 눈물을 글썽이는 여인은 꽃다발을 가슴에 품은 채 노래를 읊조리며 뒤따랐고, 맨발로 차갑고 울퉁불퉁한 돌바닥을 내딛으며 예수의 고난을 묵상하는 이도 있었다. 채찍에 맞아 찢겨진 살갗과 십자가에 짓눌린 어깨, 가시 면류관과 고통 속에 일그러진 얼굴, 손과 발을 관통한 못을 세밀하게 묘사한 예수상을 보며 전율을 느꼈다. 이국 땅에서 맞은 고난주일이 그 어느 때보다 깊은 감동을 전해 주었다.

밤마다 흥겨운 댄스와 분위기에 취한 사람들로 가득했던 바르들도 부활 주일 일주일 전부터는 내부를 모두 세마나 산타 포스터와 장식들로 꾸며 놓고 조용히 애도하는 밤을 보낸다. 덕분에 스페인에 온 뒤 가장 조용한 밤을 보낼 수 있었다.

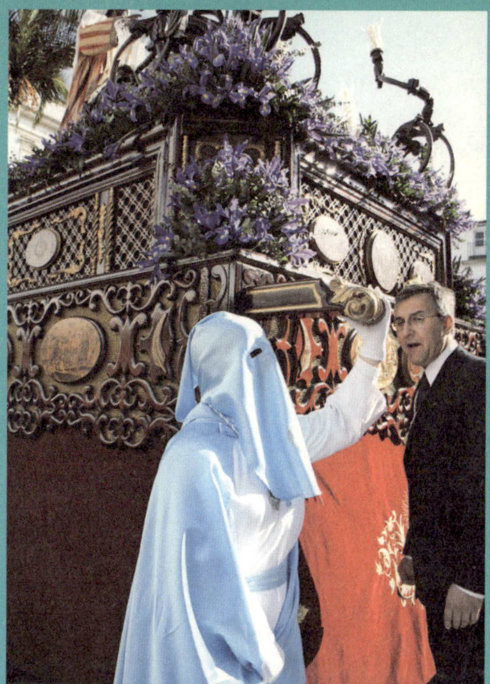

비슷비슷하고 다 같아 보이는 성당에 지루해졌을 때쯤 바르셀로나의 사그라다 파밀리아를 보고는 두 눈이 번쩍 뜨일 수밖에 없었다. 1882년 짓기 시작하여 120년이 넘는 동안 계속 짓고 있으니 언제쯤 완성된 모습을 볼 수 있을까? 완공까지 앞으로 100년 이상이 걸린다고 하니 내 생전에 완성된 모습을 보기는 불가능할 듯싶다.

가우디가 한창 건축가로 활동할 무렵에 시작해서 사망 전까지 직접 계획하고 관여했던 작품이라니 가우디나 보는 사람이나 모두 애정을 쏟을 수밖에 없을 터였다. 성당 내부는 가우디의 꿈을 현실로 바꿔 놓은 듯했다. 바람이 이는 숲 한가운데 서 있는 것 같기도 하고, 부드럽게 파도 치는 바다 속에 들어와 있는 것 같기도 했다. 성당의 한쪽은 이미 관광객의 발길에 닳고 닳아 가는데, 다른 한쪽은 아직 짓고 있는 중이라니 참 아이러니하다.

스페인 친구가 "조금씩 모양이 달라지고 있어. 어릴 때부터 봐 왔는데 아침마다 보면 매일 달라져 있어." 하고 말했을 때는 배꼽을 잡고 웃었는데……. 최근 들어 기술력 때문인지 공사 진행의 속도도 빨라졌다고 하니 조만간, 아니면 이번 생에 완공된 성당을 볼 수 있지 않을까? 첨탑의 계단에 서서 시내 전체의 360도 파노라마를 관람하며 처음 이 엄청난 공사를 맡았을 서른한 살의 가우디를 떠올렸다. 꿈을 이루기 위해 평생을 바치고 일흔넷에 전차 사고로 죽기 전까지 성당 공사장 지하 작업실에서 생활했던 그의 모습을……. 누가 그보다 멋지게 이 미완성의 설계에 환상적인 덧칠을 할 수 있을까.

예수의 열두 제자 중 한 명인 야고보의 유해가 발견되면서 가톨릭 신자들의 성지가 된 산티아고 데 콤포스텔라. 비가 많이 오는 갈리시아 주답게 도착한 날 밤부터 부슬부슬 비가 내리고

있었다. 눈을 뜨자마자 성당을 찾아가는 길, 태양에 새까맣게
그을린 꾀죄죄한 몰골에도 눈빛만큼은 또렷이 살아 있는 순례
자들과 마주쳤다.

한 손에는 조개 가리비가 매달린 지팡이를 들고 고행의 길을 끝
마친 감동으로 성당 앞 땅에 입을 맞추는 순례자도 보인다. 순
례길에 남에서 동료가 된 사람들이 성당에서 다시 만나 얼싸안
고 인사하는 것을 보니 따스한 감동이 전해져 왔다. 오랜 시간
을 길 위에서 보낸 순례자일수록 그 고통에 비례해 산티아고에
도착하면 더 큰 감동을 느낄 것 같았다. 보이지도 않는 목적지
를 향해 수십 일, 몇 달을 걸어왔을 그들의 인내력과 끈기에 박
수를 보낸다.

빠르게 돌아가는 세상을 등지고 싶을 때, 느리게 사는 삶을 만
끽하고 싶을 때 기회를 만들어서라도 순례에 꼭 한 번 도전해
보고 싶다. 순례자들이 대성당의 돌기둥에 손을 올리고 기도를
드리는 모습을 보며 오늘과 이번이 마지막이라고 제한을 두기
보다는 원할 때 용기를 내어 언제라도 다시 이곳으로 돌아올 수
있는 여지를 남겨두기로 생각했다. 그래서 곧 다시 이곳을 밟을
수 있기를 바라며 아스타 프론토!(곧 다시 만나요!)

여행 TIP

대부분의 스페인 성당은 무료 입장이다. 단 톨레도 성당, 세비
야 성당처럼 유명한 곳은 입장료를 내야 하는 경우도 있다. 평
균적으로 미사는 오전 9시, 11시, 12시 또는 오후 6시, 7시, 8시
에 있다. 각 성당 앞에서 시간을 확인하자. 성당 꼭대기 종탑에
전망대가 위치한 곳도 있으며 2~3유로 정도의 입장료를 내면
도시 전체의 전망을 감상할 수 있다.

국경 넘어 전진,
모로코를 향해

아프리카에 간다는 것은 상상조차 해 본 적이 없다. '아프리카'
하면 추장이나 기린, 사자, 정글, 밀림이란 단어들이 머릿속을
맴돌 뿐 다른 어떤 그림도 그려지지 않았다.
스페인의 남서쪽 알헤시라스(Algeciras)에서 아프리카 모로코
의 탕헤르(Tanger)까지 고속 페리로 한 시간 안에 닿을 수 있다.
그 사실을 안 후 자연스럽게 아프리카 여행을 꿈꾸게 되었다. 국
경을 살짝 넘기만 하면 미지의 대륙에 닿을 수 있다는 사실이 유
혹적으로 다가왔다. 가 보지 않은 나라에 대한 상상과 그곳에서
마주할 일들을 생각하니 마음은 이미 아프리카에 있었다. 망설
임 없이 자주 떠나는 편이라 목적지를 정하고 생각해 두었다가
설렘이 더해지고 그 느낌이 강해지면 결국 여행 가방을 꾸린다.

모로코를 꿈꾸다

모로코에 가고 싶다고 하자 여자 혼자 여행하기 힘든 곳이라며
모두들 입을 모아 말린다. 그럴수록 꼭 가야겠다는 설명하기 힘
든 호기심이 생긴다. 그런데 막상 떠나려니 나도 모르는 불안
감이 눈덩이처럼 불어나고 있었다. 혹시나 하는 마음에 일주일
간은 만나는 사람마다 다짜고짜 "모로코 같이 가지 않을래요?"
하며 인사를 건넸다.
혼자 떠나는 대신 일정은 짧게 6일로 잡았다. 스페인을 떠난 페
리의 종착역 탕헤르 근처의 소도시를 둘러볼 예정이었다. 짧은
일정을 이동하는 시간으로 낭비하고 싶지 않았다. 스페인을 휘
젓고 다녔으니 모로코에서는 잠시 쉬어 가며 한낮의 흐느적거
림과 게으름을 만끽하고 싶었다.

대부분 여행의 추억은 새로운 인연에서 시작된다. 모로코 여행도 크게 다르지 않았다. 모로코행 페리에 올라탄 후 옆자리에 앉은 독일인 델리나와 인사를 했다. 델리나는 모로코만 세 번째 방문하는 베테랑 여행자답게 모로코를 여행하는 명백한 이유를 술술 나열한다.

"독일보다 따뜻한 날씨와 물가가 훨씬 저렴해서 좋아. 그리고 난 여행 중독이야. 주말에는 가까운 산에라도 올라야 하고 한 달에 한 번은 비행기를 타야 하거든. 이번에는 여행 가방을 챙길 필요도 없었어. 지난 주에 스페인에 갔다가 그대로 들고 온 거야."

확실히 모로코의 밝은 햇살은 햇빛에 굶주린 중 · 북유럽 사람들에게는 천국 같을 것이다. 페리는 지브롤터 해협을 가로질러 쏜살같이 모로코로 향했다. 아프리카에 첫발을 내딛자마자 아프리카의 공기를 깊이 들이마셨다. 모로코는 프랑스 식민지였기 때문에 불어를 사용할 줄 아는 사람이 많고 더구나 탕헤르 지역은 스페인과도 지척이니 스페인어를 사용하는 사람도 많았다. 아랍어와 불어가 사용되는데 델리나가 불어를 유창하게 구사했기 때문에 든든했다.

스페인의 하루 여행 경비면 모로코에서는 사흘간 버틸 수 있을 정도로 물가도 저렴했다. 즉, 스페인에서 호스텔에 머물 돈이면 모로코에서는 호텔에 머물 수 있다. 적은 돈으로도 얼마든지 융숭한 대접을 받을 수 있지만 난 이곳에서도 바로 현지 물가에 적응한 배낭여행객이 되었다. 그렇다고 관광객 바가지요금을 쓰지 않으려고 아등바등 하지는 않기로 했다. 한 푼 두 푼 아끼려다가 모든 것에 의심스러운 시선을 보내게 된다면 그들의 호의에 누를 끼치게 될 수도 있으니까.

인도 여행 때의 일이다. 저렴한 장신구와 스카프, 양탄자를 사려
고 일주일을 고심했지만 결국 아무것도 살 수 없었다. "내가 특
별히 단돈 100달러에 줄게요."를 외치던 장사꾼들은 30여 분
의 흥정 끝에 결국 10달러를 외치곤 했다. 흥정을 하지 않고 구
입하려니 바가지 상술에 놀아나는 것 같고 조금 싸게 사자고 30
여분이나 흥정하는 것도 내 스타일에 맞지 않았다. 이런 일이 반
복되자 나중에는 무언가를 산다는 것 자체가 굉장히 피곤한 일
로 다가왔다. 심지어 의도하지 않은 적대감까지 품게 되어 도중
에 쇼핑을 포기하고 두 손을 들어 버린 적도 있다. 모로코에서는
이런 해프닝을 반복하고 싶지 않았다.

탕헤르의 올드 타운 근처에 숙소를 잡고 시장을 구경하기 위해
건물을 나서자 주변의 모든 시선이 집중되는 듯했다. 뭐 딱히
기분 좋을 것도 없지만 기분 나쁠 이유도 없다. "사요나라, 곤니
치와, 아리가또……." 모로코 사람들 눈에는 아시아 사람 모두
가 일본 사람으로 보이는지 건네는 인사가 모두 일본어다. 호기
심에 말을 걸 뿐이지 해를 끼칠 눈빛은 어느 곳에도 없었다.
"텐델함, 텐델함, 텐델함." 일정한 운율을 넣어 소리치는 장사
꾼들, 줄지어 매달려 있는 닭들, 탐스러운 야채와 과일들, 오렌
지를 수북이 쌓아 놓고 즉석에서 주스를 만들어 파는 곳도 있
었다. 큰길가에 서 있는 택시들은 같은 방향으로 가는 사람들을
여섯 명씩 빼곡히 겹쳐 싣고서야 출발한다. 차도르를 뒤집어 쓴
여자들은 차도르에 가린 수줍은 미소를 건네는 것을 잊지 않는
다. 그 어느 곳에서도 위험하다는 느낌은 찾아볼 수 없었다. 다
름이 있을 뿐이지 그 다름을 위험하다고 경계하고 경험도 하기
전에 몰아붙인 것에 미안한 마음이 들었다.

모로코 여행이 끝날 때까지도 마찬가지였다. 오히려 스페인의 큰 도시들은 소매치기 때문에 늘 가방과 카메라에 신경을 써야 했는데 이곳은 그런 것으로부터 자유로웠다. 물론 이것은 무신경하고 단순한 내가 느낀 개인적인 인상일지도 모른다.

탕헤르에서 한 일이라고는 바닷속을 첨벙거리며 거닐다가 지루해질 때쯤 모래 위로 기어올라와 벌러덩 드러누워 책 한 권을 들여다보는 것, 그게 전부다. 멜리나는 햇볕에 오래 굶주렸는지 요리조리 자세를 바꾸며 선탠에 열심이다. 최근에 이렇게 느긋한 시간을 보낸 적이 있었던가. 단지 반나절 바다를 바라봤을 뿐인데도 완벽한 휴식을 누린 기분이었다.

절벽 위의 도시, 눈부신 바다와 흰빛의 도시 탕헤르를 뒤로 하고 쉐이프샤우엔(Chefchouen)으로 향했다. 블루시티로 불린다는 이야기만으로도 충분히 설레는 곳이었다. 이 마을에는 사람 사이에 '정(情)'이라는 뭉클한 감정이 넘쳤다. 같은 길을 방금 지나갔는데도 다시 반갑게 인사를 건네고, 수줍게 이름을 묻고 함께 사진을 찍자며 다가왔다. 이 작은 마을이 마음에 쏙 들어 예정보다 오래 머물렀다. 첫날 일본어로 인사를 건네던 사람들은 둘째 날부터 한국 사람임을 알고 '꼬레아나' 하며 손을 흔들어 준다.

호스텔 옆의 스카프 가게 여사장은 호스텔로 직접 찾아와 티타임을 즐기자며 나를 숍으로 초대했다. 직접 구운 쿠키와 버터를 바른 빵에 양치즈를 듬뿍 발라 건넨다. 처음 맛보는 음식이 마음에 쏙 든다고는 할 수 없었지만 상냥한 마음씨와 자상한 배려가 고마워 맛있게 먹었다. 새로운 꼬레아나 친구를 만나기 위해 동네 여자들이 모두 숍으로 모였다. 흥에 겨워 즉석에서 노래를 부르고 춤을 추기 시작했다. 가게가 순식간에 흥겨운 파티장으로 변했다. 사진과 동영상으로 카메라에 담아 보여 주니 부끄러워하면서도 즐거워한다.

늦잠을 잔 오후에는 골목골목을 뒤지며 시간을 보냈다. 블루시
티라고 불리울 만했다. 집과 벽, 바닥까지도 저마다 다른 톤의
블루로 뒤덮여 있었다. 그 틈에서 뛰노는 아이들을 바라보는
것만으로도 덩달아 신이 났다. 무작정 카메라를 들이대기가 미
안해 눈짓으로 찍어도 되냐고 물었더니 순식간에 모여들어 찍
어달라고 아우성이다. 내 사진의 모델이 되어 주는 아이들에게
고마웠고 그 고마움을 돌려줄 방법이 없어 미안할 뿐이었다.

두 번째 찾은 모로코

몇 년 뒤, 다시 모로코를 찾았다. 한 해의 마지막을 보내고 신년
의 첫 해돋이를 사하라 사막에서 보기 위해 20일 정도를 모로
코에 머물렀다. 모로코 최대의 번영 시장이 위치한 마라케시
(Marrakesh)에 도착했는데 차와 사람들로 뒤엉켜 있는 도시 전
체가 혼란스러워 보였다. 작고 조용한 시골 마을의 여행을 기
대했는데 골목마다 호객하는 상인들의 외침과 구경꾼들의 소
란스러움에 쉴 수가 없었다. 어쩌면 나는 다시 쉐이프 샤우엔
(Chef Chouen) 같은 도시를 만나기 꿈꿨던 것 같다.
사흘만에 마라케시를 벗어나 버스를 타고 시골로 시골로 향했
다. 현지인들이 추천하는 핑크 계곡(Valls de Rosa)의 주요 도시
에 도착한 날, 버스 정류장에서 만난 모로코인을 따라 그의 숙
소에 머물기로 결정했다. 좌석 수보다 더 많은 사람을 태운 봉
고차는 흙먼지를 일으키며 산 속으로 깊숙이 들어간다.
뒤로는 산이고 앞에는 벌판이 계속되는 곳, 오말의 어머니가 아
침에는 양젖을 짜고 소에게 먹이를 주는 시골 마을. 그리고 어
린아이들이 맨발로 달려 나와 문틈으로 기웃거리며 우리를 훔
쳐보던 곳. 산 공기를 들이마시며 건물 옥상에 올라가 민트 티
를 마시고 집 주변 논과 밭을 산책하며 한두 시간 걸리는 시내
를 다녀오면 하루 해가 저물어 있었다.

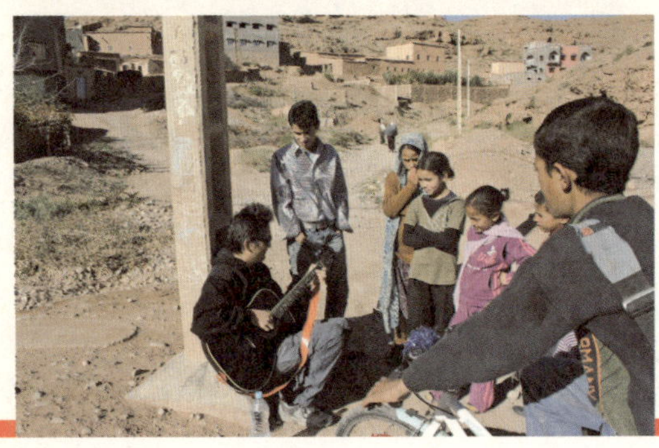

모로코 여행에서 만나는 아이들에게 줄 막대 사탕을 한 꾸러미
챙겨 갔는데 도착 첫 날 집주인 아이들에게 사탕을 주고 짐을
풀고 쉬고 있자니 대문 틈으로 동네 아이들이 모두 모여 기웃
기웃거린다. 12월 겨울에 맨발로 돌과 흙이 섞여 있는 동네를
뛰어다니는 아이들에게는 작은 막대 사탕 하나도 커다란 사치
품인 것이다. 오말네 가족은 베르베르족(사하라 사막에 아랍인·베
두인 족과 더불어 분포된 인종)으로 인종, 언어, 종교, 문화가 아랍
인들과는 다르다고 했다.
모로코에 가면 관광객들은 모로코 전통 헤나를 한번쯤은 따라
해 보는데 나도 해 보고 싶다고 하니 베르베르족 전통 타투를 해
주겠다고 한다. 예쁜 그림을 손에 그릴 것이라고 예상한 나는 흔
쾌히 두 손을 맡겼다. 마치 손톱에 봉숭아 물을 들이듯 두 손바

닥 가득 빨간 진흙 같은 흙을 묻히고 봉투로 꽁꽁 싸매기에 뭔가 잘못되어 가고 있다는 생각이 들었지만 때는 이미 너무 늦어 있었다. 하얗게 밤을 지샌 다음 날 두 손은 얼룩덜룩 벌겋게 변했다. 그 흔적은 한 달 넘게 계속되었고 여행 중에 만난 모든 베르베르족 여인들에게 커다란 환대를 받았음은 물론이다.

오말 씨 가족의 일상을 훔쳐보며 일주일을 보내고 사하라 사막을 향하여 이동하는 날, 늘 맨발로 다녀 발이 상할대로 상한 어머니에게 가지고 있던 양말을 챙겨드렸다. 좋아하시며 보는 앞에서 바로 신으신다. '집에 한 번도 안 쓰면서 쟁여 놓고 있는 물건들을 가져와 나눠 드렸으면 얼마나 좋았을까.' 하는 아쉬움만 가득했다. 마을 어귀를 벗어나는데 끝까지 우리의 이름을 부르며 따라오는 마을 아이들을 돌려보내며 마음 같아선 몇 달이고 주저앉아 살아보고 싶다는 생각도 들었다. 낯선 사람들과도 따뜻한 마음과 웃음을 나눌 수만 있다면 서로의 가슴에 행복을 심어 줄 수 있다는 것도 경험했다. 수년이 지난 지금도 꼭 돌아오라며 손잡아 주던 오말 씨 가족들과 맨발의 아이들이 마음 저편에 생생히 남아있다.

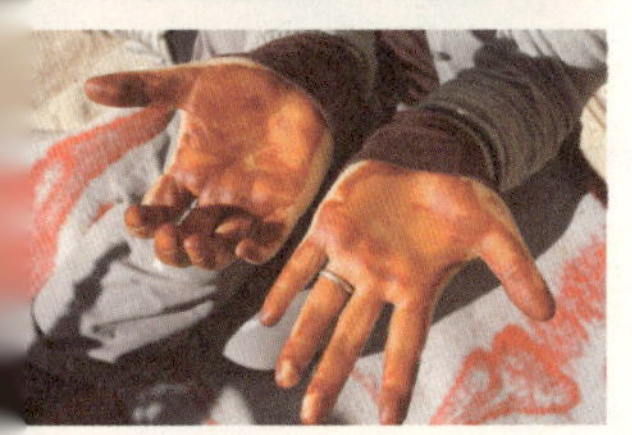

여행 TIP

배를 타고 모로코에 가고 싶다면 스페인의 알헤시라스(Algeciras), 지브랄타, 타리파(Tarifa)에서 탕헤르로 가는 배편을 구할 수 있다. 또 바르셀로나와 마드리드에서는 모로코의 주요 도시로 운항하는 항공편을 뷰엘링, 라이언에어를 통해 쉽게 찾을 수 있다.

Life
in
spain

라이프 인 스페인